바로 그때
한국사와 세계사

1

연표로 비교하며 읽는 역사 이야기

바로 그때 한국사와 세계사 1

초판 1쇄 인쇄 2011년 5월 2일 ㅣ **초판 1쇄 발행** 2011년 5월 11일

글 임지호 ㅣ **그림** 송진욱 ㅣ **감수** 이희근
펴낸곳 북스마니아 ㅣ **펴낸이** 임지호 ㅣ **디자인** 나비 ㅣ **마케팅** 이상신
주소 서울시 마포구 서교동 353-1 서교타워 1501호
전화 02-6378-8700 ㅣ **팩스** 02-6378-8700
출판등록 2009년 10월 23일 ㅣ **등록번호** 105-91-39507

ISBN 978-89-964106-6-9 64900
ISBN 978-89-964106-5-2 64900 (전2권)

연표로 비교하며 읽는 역사 이야기

바로 그때 한국사와 세계사

임지호 글 송진욱 그림

1

BOOKs 마니아

글쓴이의 글

연표와 함께 한국사와 세계사를 비교해 읽으면서
역사를 바라보는 시각을 넓히도록 합시다!

학교에 다닐 때 국사 시간에 궁금한 게 있었습니다.
"우리 나라 고려 시대 때 유럽은 어떤 시대였지?"
지금은 백과사전이나 인터넷을 뒤져 보면 쉽게 알 수 있었던 것을
그때는 어떤 일이 일어났었는지 쉽사리 답을 내지 못했던 것 같습니다.
종종 시험 문제에서 한국사와 세계사를 연결해 물어보는 경우가 있었는데,
그런 때마다 머리를 싸매고 고생했던 기억도 떠오릅니다.
그래서 한번 한국사와 세계사의 연표를 함께 정리해 보기로 마음먹었습니다.
사실 한국사와 세계사를 연관시켜 공부하기란 쉽지 않습니다.
서로 연표를 대조해 가며 익히기는 더욱 어렵지요.
그런데 일단 한국사와 세계사의 사건들을 연도로 정리하다 보니,
한국사와 세계사 간의 연관성이 발견되기도 하면서 재미있는 역사 공부가
되지 않을까 하는 생각이 들었습니다.
그뿐 아니라 역사를 바라보는 새로운 시각을 가질 수 있을 것입니다.
각 나라의 개별 역사를 한데로 엮어 이해하다 보면 세계를
하나의 울타리로 보면서, 역사를 바라보는 시각이 좀더 넓어지지 않을까요?

그래서 저는 다음과 같은 생각을 갖고 이 책을 쓰기로 했습니다.

- 같은 시대의 한국사와 세계사의 사건을
  비교해 **역사의 연관성과 학습의 이해력을**
  키우도록 했습니다. 한국사와 더불어 중국, 일본, 그리고 세계 여러 나라의 역사를
  비교해 같은 시대에 일어난 역사적 사건들을 관련지어 생각해 볼 수 있습니다.

- **연대순으로 꼭 필요한 역사적 사실**을 담았습니다. 초등 학교와 중학교의 교과서
  내용을 기초로 하여 학습에 필요한 내용을 선별해 구성했습니다.

- 역사적 사건의 원인과 결과를 **쉽고 짧은 문장**으로 엮었습니다. 어린이뿐 아니라
  청소년들도 역사를 쉽게 이해할 수 있어 역사에 흥미를 가질 수 있습니다.

- 같은 시대의 **인물, 사건, 유물과 유적, 용어, 그리고 연표**를 넣어 본문과
  관련이 있는 내용들을 더욱 더 충실하게 꾸몄습니다.

《바로 그때 한국사와 세계사》를 통해 한국사와 세계사를 좀더 쉽게 익히고
이해하는 여러분이 되기를 기원합니다.

2011년 임지호

《바로 그때 한국사와 세계사》, 이렇게 보세요!

▼ 차례는 이렇게 보세요.

갈색의 연도는
한국사의 연도와 일어난 일

파란색의 연도는
세계사의 연도와 일어난 일

▼ 본문은 이렇게 보세요.

한국사의 연도와 일어난 일

632년 최초의 여왕인 선덕여왕 즉위

신라 26대 왕인 진평왕에게는 아들 그래서 딸 덕만이 왕위에 올랐는데 이 역사상 최초의 여왕인 신라 27대 왕 야. 선덕여왕이 왕위에 오를 수 있었던 의 남자가 없었기도 했지만, 여성이 왕 할 수 있을 정도로 남녀 차별이 크지 않았 짐작할 수 있어.

하지만 647년 진덕여왕 이 즉위할 즈음에 상대등 비담 이 '여왕이 정치를 잘 못한다'고 하여 반 란을 일으켰는데, 상류층은 여왕에게 불만이 있 었던 것 같아. 선덕여왕은 재위 기간 동안 김춘 추와 김유신 등 걸출한 신하와 삼국 통일 위 한 기초를 닦았으며, 분황사와 황룡사 9층 탑을 세우고, 첨성대를 건립하는 등 많은 업적을 남겼어.

첨성대 동양에서 가장 오래된 천문대로 선덕여왕 재위 시절에 만들어졌다. 음력으 로 1년을 나타내는 362개의 돌을 쌓아 올렸으며 남동 쪽으로 나 있는 창을 중심으로 아래는 돌로 채워져 있고 위로는 하늘을 향해 뚫려 있다.
하늘의 움직임에 따라 농사의 시기를 알 수 있고, 또 한 국가의 길흉화복을 예언하는 첨성술이 증 시되었던 고대 국가의 특성상 첨성대 는 중요한 역할을 했으리라 짐작된다. 하지만 첨성대가 평지에 만들어져 하늘을 관 측하기에 적당하지 않다라는 점을 들어 천문대가 아닐 것이라 는 주장도 있다.

지기삼사 (知幾三事) 선덕 기간 동안 미리 알았던 3가지 일 태종이 빨간색, 자주색, 흰색의 모란꽃 그 보내 오자, 왕은 꽃 그림을 보고 향기가 없 고 했는데, 정말 꽃의 향기가 없었다는 겨울에 개구리가 우는 것을 보고 백제군이 것을 알아 군사를 보내 물리친 일. 셋째는 을 날을 미리 알아 낭산 남쪽의 도리천에 도록 했는데, 진짜 그 날에 왕이 죽어 도 지냈다고 한다.

우리 나라의 여왕 신라에는 에도 28대 진덕여왕, 51대인 세 명의 여왕이 있었다. 이후 우리 나라 왕이 등장하지 않았다.

 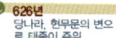

고구려, 천리장성을 쌓기 시작

626년 ▶▶▶ 644년

626년 당나라, 현무문의 변으 로 태종이 즉위

631년

선덕여왕 즉위

632년

사라센

634년

역사적 사건을 알기 쉽게 설명

626년 현무문의 변으로 당 태종 즉위

세계사의 연도와 일어난 일

112 113

626년 초여름 당 고조 이연의 둘째 아들인 이세민은 자기가 황제에 오르기 위해 쿠데타를 계획했어. 태자인 형 이건성과 동생 이원길이 자기를 죽이려 한다는 이유로, 자기가 먼저 이들을 없애야겠다고 했는데, 정말 그런 것인지는 확실치 않대. 아무튼 이세민은 부하인 장손무기, 두여회 등을 데리고 당나라의 수도인 장안성 현무문에 숨어 있다가 당 고조인 이연이 불러 궁으로 들어오던 이건성과 이원길을 죽이고 말았어. 자기의 형제들을 말이지. 그런 다음 그 해 8월 황제의 자리에 올랐어. 이 사람이 바로 당 태종이야.

비록 태종은 형제들을 죽이고 황제에 올랐지만 방현령, 두여회 등 지략이 뛰어난 신하들을 곁에 두고 정치를 했으며, 돌궐을 정복하고 이슬람 제국과 교류를 확대하는 등 외치에도 힘쓰는 등 중국 역사에서 성군으로 칭송 받고 있어. 그래서 태종이 다스리던 기간을 당시의 연호를 따서 '정관의 치(治)'라고 부르는데, '치'란 정치를 잘했다고 해서 붙이는 말이야.

우리 둘이 함께라면 두려울 게 없지!

방현령과 두여회 '정관의 치'를 연 재상. 방현령은 주로 계획을 짜는 두뇌형이며 두여회는 결단력이 뛰어나 둘이 협력하여 일을 잘 처리했는데, '방모두단', 각자의 장점을 살려 일을 잘 해결한다는 고사성어가 여기에서 나왔다.

정관의 치 당의 2대 황제인 태종의 치세 기간 동안 밖으로는 영토를 확장하고, 안으로는 방현령, 두여회 등을 등용해 인재를 양성하고, 민생이 안정되어 당이 크게 성장하게 된다. 이를 가리켜 당시의 연호를 써 정관의 치라고 한다. 하지만 당 태종이 죽은 후 매끄럽지 못한 후계 문제로 9남인 고종이 황제에 오르고, 후에 측천무후가 집권을 하면서 당나라는 혼란을 겪게 된다.

당시에 일어난 또다른 사건이나, 관련이 있는 인물, 유적, 용어 등을 설명

이 기간 동안에 일어난 한국사와 세계사의 사건들을 연표로 정리

김유신, 성실을 다하겠나이다.

형제를 죽여 다니!

에잇, 내가 황제가 될 테다!

고구려 연개소문, 영류왕을 죽이고 보장왕을 옹립하다
642년

신라, 당나라에 군사 요청
643년

차례

🔸 용어 🧑 인물 ⚔ 사건 🍖 유물, 유적

실크로드

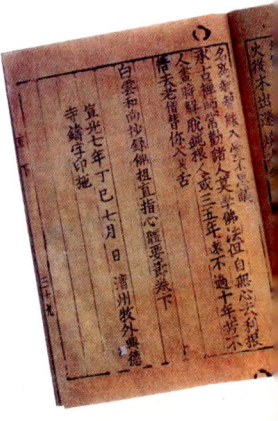

상원 검은모루 동굴
유적이 만들어지다

고조선 건국

주몽, 고구려 건국

기원전 300만 년 **기원전 50만 년** **기원전 2333년** **기원전 221년** **기원전 37년**

지금 인류의 조상이라고 할 수
있는 오스트랄로피테쿠스가
활동하다

중국 최초의 통일
왕조인 진나라 건국

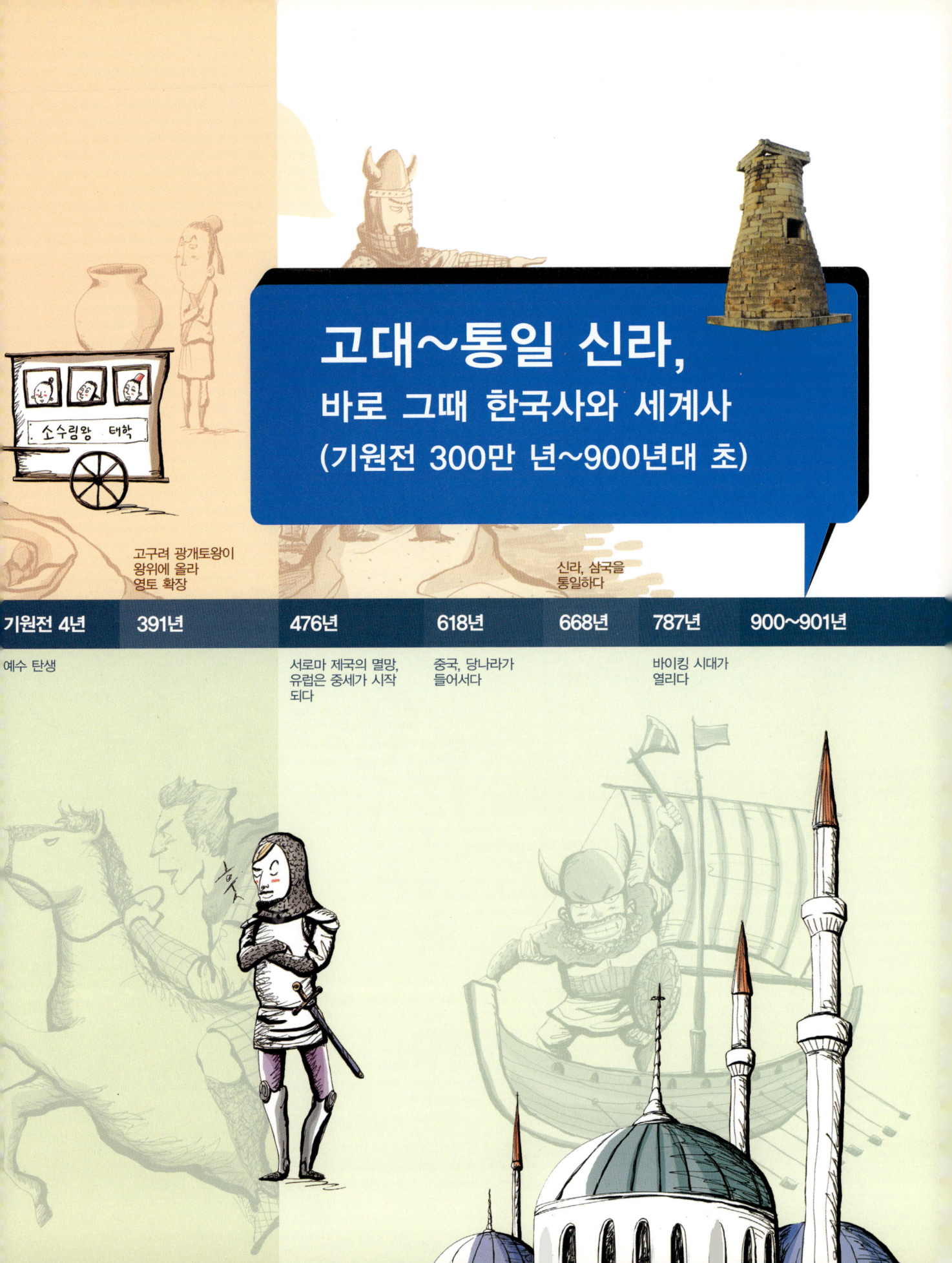

고대~통일 신라,
바로 그때 한국사와 세계사
(기원전 300만 년~900년대 초)

소수림왕 태학

고구려 광개토왕이
왕위에 올라
영토 확장

신라, 삼국을
통일하다

| 기원전 4년 | 391년 | 476년 | 618년 | 668년 | 787년 | 900~901년 |

예수 탄생

서로마 제국의 멸망,
유럽은 중세가 시작
되다

중국, 당나라가
들어서다

바이킹 시대가
열리다

기원전 27만 년
연천 전곡리 구석기 유적

우리 나라의 구석기 시대는 지금부터 약 70만 년 전에 시작됐어. 이 때부터 한반도에 사람이 살기 시작했는데, 구석기인들은 돌을 깨서 만든 뗀석기를 이용해 동물이나 물고기를 사냥하거나, 식물의 열매를 따서 먹었어. 특히 뗀석기 중에 양쪽 면에 날을 세우고 손잡이 부분을 잡기 좋게 만든 주먹도끼가 사용하기에 좋았어.

우리 나라 경기도 연천 전곡리에서는 아슐리안형 주먹도끼가 발견되었는데, 이 주먹도끼는 다른 석기들보다 많이 발달한 모양의 석기야. 그동안 주로 유럽과 아프리카에서 발견되었는데, 연천 전곡리에서도 아슐리안형 주먹도끼가 발견되면서 동아시아에서도 좀더 나은 모양의 석기가 사용됐음을 알 수 있게 됐어.

이런 미개한 녀석. 과학의 힘을 이용해!

뽀족

그건 마법사의 돌? 혹시 마법사예요?

우리나라의 구석기 유적지와 생활

우리나라에서 발견된 가장 오래된 구석기 유적은 기원전 약 50만 년 전에 만들어진 평양 상원군의 검은모루 동굴 유적이다.

구석기인들은 비바람과 추위, 사나운 동물들을 피하기 위해 주로 동굴에서 살면서 석기로 채집과 수렵 생활을 하였다. 공주 석장리에서는 약 2만년 전의 집터와 화덕의 재, 물고기상 등이 발견되었는데, 동굴 생활에서 점차 밖으로 나와 바닷가나 강 주변에 움막 등을 짓고 어로 생활을 하면서 불을 사용해 겨울을 따뜻하게 보냈음을 알 수 있다.

아슐리안형 주먹도끼

프랑스 생 아슐에서 처음 발견된 주먹도끼로, 타원형 몸통에 끝이 뾰족하거나 양날로 되어 있는 석기. 일반 주먹도끼보다 좀더 발전된 모습을 하고 있다.

구석기 시대의 뗀석기

사냥 도구로는 주먹도끼, 찍개, 찌르개 등이 있고 요리 도구로는 긁개, 밀개가, 공구로는 새기개가 있다. 특히 주먹도끼는 찍는 날과 자르는 날이 같이 있어, 단순히 돌을 떼어 만든 일반 석기와는 달리 의도를 갖고 만든 도구로 좀더 발달된 뗀석기다.

아프리카 동부와 서부 지역에 살았던 인류. 인류 최초로 직립 보행을 했다.

상원 검은모루 동굴 유적이 만들어지다

연천 전곡리 유적이 만들어지다

기원전 300만 년
▶▶▶
기원전 7000년

기원전 300만 년
오스트랄로피테쿠스가 활동하다

기원전 50만 년
불과 언어를 사용한 호모 에렉투스가 활동하다

기원전 35만 년
네안데르탈인이 나타나다

기원전 27만 년

이럼 몽키가! 난 인간이야!

약 300만 년 전, 최초의 인류인 오스트랄로피테쿠스가 아프리카 지역에서 나타났어. 이후 인류는 현재에 이르기까지 다양한 모습으로 발달해 왔지.

1856년 독일의 네안데르 계곡에서 사람의 뼈가 발견됐어. 학자들은 이 뼈가 최소 35만 년 전에 나타나 유럽과 아시아에서 살다가 약 2만 4천 년 전에 멸종했다고 했지. 그런데 이 시기는 현생 인류의 바로 전 인류인 호모 사피엔스와 겹치는 시기였어.

과연 네안데르탈인과 호모 사피엔스는 어떤 관계였을까? 처음엔 네안데르탈인이 호모 사피엔스와 비슷한 종이라고 생각했으나 유전자 검사 결과 전혀 다르다는 주장도 힘을 얻고 있어.

이들은 도구와 언어를 사용했으며 추운 날씨에 잘 견디는 몸의 구조를 가졌고, 몸집은 컸던 데 비해 지능은 낮았던 것 같아. 이들의 멸망 이유는 정확히 밝혀지지 않았으나 아마 호모 사피엔스와의 적자생존에서 밀려 멸종하지 않았을까 생각된대.

기원전 35만 년
네안데르탈인이 나타나다

생김새의 변화 구석기 시대는 시기적으로 대략 기원전 7000년 이전까지의 시대를 말한다. 지금부터 300만 년 전에 활동한 것으로 생각되는, 인류의 조상이라고 할 수 있는 '오스트랄로피테쿠스'의 뼈가 발견된 이후, 인류는 기원전 200만 년 전의 손 쓰는 사람(호모 하빌리스), 기원전 50만 년 전에 활동한 곧선 사람(호모 에렉투스), 약 20만 년 전에 나타나 4, 5만 년 전에 활발히 살았던 슬기 사람(호모 사피엔스)과 비슷한 시기에 살았던 또다른 인류인 네안데르탈인, 그리고 현재 우리와 비슷한 슬기 슬기 사람(호모 사피엔스 사피엔스)에 이르기까지 시대와 환경이 바뀌면서 생김새가 변화되어 왔다. 우리가 많이 알고 있는 베이징 원인은 호모 에렉투스이고, 크로마뇽인은 호모 사피엔스 사피엔스이다.

공주 석장리, 청원 두루봉 유적이 만들어지기 시작
기원전 20만 년

흥수 아이가 살던 시대로 추측
기원전 4만 년

기원전 3만 년
호모 사피엔스 사피엔스가 나타나다

기원전 8000년
최초의 도시인 예리코가 만들어지다

어디가서 이 정도 평수 구하기 힘들어.

아빠, 움집이 너무 많이 생겨서 놀이터가 없어요.

기원전 약 8000년부터 우리 나라에서 신석기 문화가 시작됐어. 신석기인들은 간석기와 빗살무늬토기를 이용해 강가나 바닷가에서 어로와 수렵, 채집 등으로 생활했어. 그리고 신석기 후기에는 농경 생활을 위해 정착 생활을 했지.

신석기인들은 처음에 동굴, 바위 밑 등 구석기인들이 살던 모습대로 살다가, 시간이 흐르면서 움집이라는 곳에서 생활하기 시작했어. 움집이란 나즈막한 원뿔같이 생긴 집이야. 신석기 유적지인 서울 암사동 선사 유적지에서는 빗살무늬토기, 돌도끼 등과 함께 20여 기가 넘는 움집터가 발견됐어.

기원전 5000년
서울 암사동 선사 유적지

간석기 신석기 시대의 대표적인 유물. 마제석기라고도 한다. 우리 나라에서는 기원전 5000년경부터 간석기가 쓰이기 시작했으며, 서울 암사동의 돌도끼, 돌화살촉, 돌창 등과 웅기 굴포리의 반달돌칼 등이 있다.
간석기가 많이 사용되던 시기는 농경 생활이 정착되던 청동기 시대로, 이 때는 돌낫, 괭이, 반달돌칼 등 농기구와 돌창, 돌화살촉 등 무기류, 바늘과 같은 생활 용구 등이 널리 만들어져 쓰였다.

패총 조개를 먹고 남은 조개껍데기가 모여 있는 것을 말하는데, 패총과 함께 묻힌 동물이나 물고기뼈들을 통해 신석기 시대의 생활 습관과 생태계 등을 연구할 수 있다.
부산 영도 동삼동 패총, 제주 애월읍 곽지 패총, 마산 외동 성산 패총 등이 많이 알려져 있다.

빗살무늬토기 우리 나라 신석기 시대의 대표적인 토기로, 뾰족한 밑모양과 토기의 갈라짐을 방지하는 빗살무늬가 특징이다. 이 토기는 대체로 땅에 묻어 열매나 곡식을 저장하는 데 사용하였으며, 서울 암사동 등 중부 지방에서 많이 발견되고 있다.

오~ 이 빗살무늬! 가장 혁신적인 무늬야!

기원전 7000년
▶▶▶
기원전 2600년

기원전 7000년
농경의 시작

서울 암사동 유적이 만들어지기 시작
기원전 5000년

기원전 4000년
오리엔트에서 청동기 제작

기원전 7000년

신석기 시대 농경의 시작

수렵과 채집, 어로 등으로 생활하던 구석기인들은 우연히 불을 발견했어. 그리고 곡물이나 과일의 씨앗이 땅에 떨어져 다시 자라는 것을 보고 직접 땅을 파고 심기 시작했지. 하지만 여전히 수렵, 채집 등으로 생활하고 있었어.

그러다 기원전 1만 년경 빙하기가 끝나고 기후가 건조해지자 점차 먹을거리가 부족해졌지. 동물들도 건조한 지역을 피해 이동하고 수렵이 어려워지면서 본격적으로 농경 문화가 시작됐어.

사람들은 숲에 불을 질러 밭으로 개간하는 것이 풍부한 먹을거리를 제공한다는 것을 알았어. 그러면서 농경에 필요한 도구를 많이 만들었지. 예전에 쓰던 뗀석기를 개량해 간석기를 만들고, 수확한 곡물과 열매를 저장할 토기도 만들었어. 그리고 땅을 일구고 수확하기 위해 많은 사람들이 필요하게 됐고, 자연스럽게 인구가 늘어나게 됐지. 신석기 혁명이라 불리는 농경이 시작되면서 이런 일들이 나타났어.

우리나라의 대표적인 신석기 유적지 대체로 큰 강이나 바닷가 근처에 유적지가 많다. 가장 오래된 유적지로 제주도 고산리 유적이 있으며, 동굴 유적으로는 춘천 교동 동굴과 제천 점말 동굴이 있다. 동굴은 주거용으로 사용하다가 필요 없게 되면 무덤으로 이용했다. 움집터는 서울 암사동을 비롯해 양양 오산리 등 여러 곳에서 발견되고 있다.
다음으로 신석기 시대의 가장 중요한 유적 중의 하나인 패총은 주로 조수 간만의 차가 큰 남해안이나 서해안에 많이 있으며, 동해안에는 거의 발견되지 않고 동해와 남해가 만나는 부산 근처에서 발견되고 있다.

그걸로 농사나 지어!

뭐!

씨가 다시 수박이 돼!

? **기원전 3200년** 메소포타미아의 수메르 문명

? **기원전 3100년** 이집트의 통일 왕조 시작

? **기원전 2800년** 수메르 왕조가 일어나다

기원전 5000년 4대 문명

기원전 약 5000년경부터 인류의 문명은 큰 강을 끼고 있던 지역에서 집중적으로 발달해 왔어.

문명이 발생한 곳에서는 농경이 발달하고 정치와 종교의 지배 계층이 등장하면서 계급이 나타났어. 또한 문자를 사용해 정치와 경제 활동을 기록했어.

이런 문명 발생지 중에 대표적인 것이 메소포타미아, 이집트, 중국의 황허, 그리고 인도의 인더스 문명이야. 이들 네 곳은 모두 북반구에 있으면서 큰 강을 끼고 있었고, 따뜻한 날씨와 기름진 땅, 풍부한 강수량으로 문명 발달에 적합한 자연 환경을 갖고 있었지.

메소포타미아 문명

메소포타미아는 고대 그리스어로 '강 사이의 땅' 이란 뜻이야. 유프라테스 강과 티그

7층짜리 고층 빌딩. 강변 땅값이 또 오르겠구만!

고층 빌딩이 아니라 지구라트라는 신전이오!

수메르 지금의 이라크에서 발생한 인류 역사의 가장 오래된 문명. 수메르인들은 설형 문자를 발명해 자신들의 생각을 전달했으며, 벽돌을 쌓아 올린 지구라트라는 거대한 신전을 만들었다.
하지만 셈족인 아카드 제국의 사르곤 왕에게 멸망되었다가 150여 년만에 다시 독립했으나 곧 멸망, 역사 속으로 사라지고 말았다.

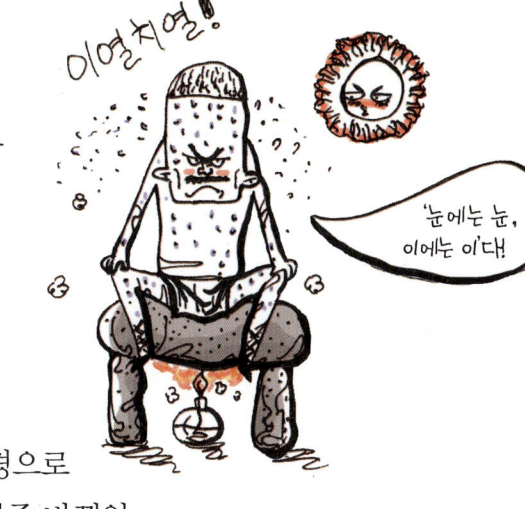

리스 강 사이의 지역으로, 지금의 이라크 주변 지역을 말하지. 메소포타미아 문명은 기원전 3200년경 수메르인들이 세운 문명부터 시작해서 아카드 제국, 아시리아, 바빌로니아 왕국 등의 시기를 거쳐 기원전 538년 페르시아 제국에 의해 멸망하기까지 약 2500년간 계속됐어. 두 강 사이의 열린 지리적 환경으로 이민족의 침입이 잦아 왕국이 자주 바뀌었으며 그 때문에 문화도 개방적이었지.

길가메시 서사시 길가메시는 메소포타미아의 수메르 남부 도시국가인 우르크의 왕으로 알려져 있으며, 길가메시와 그의 친구 엔키두의 영웅적인 이야기가 쐐기 문자로 점토판에 기록되어 있다. 호메로스의 〈오디세이〉보다 1300여 년 앞선 기원전 약 2000년에 기록되었으며, 성경의 대홍수 이야기와 유사한 내용이 적혀 있다.

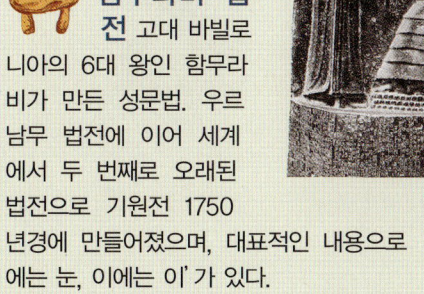

함무라비 법전 고대 바빌로니아의 6대 왕인 함무라비가 만든 성문법. 우르남무 법전에 이어 세계에서 두 번째로 오래된 법전으로 기원전 1750년경에 만들어졌으며, 대표적인 내용으로 '눈에는 눈, 이에는 이'가 있다.

설형 문자 메소포타미아의 첫 문명을 연 수메르인들이 만든 인류 최초의 문자. 이전에 단순히 뼈나 뿔에 눈금을 새겨 수를 세는 단순한 기록에서 발전해 점토판에 쐐기 모양을 새겨 뜻을 나타내었는데, 쐐기 모양의 문자라고 해서 설형 문자라고 하였다.

오리엔트(Orient) 인도 인더스 서쪽부터 이탈리아의 지중해 동쪽에 이르는 지역으로 동방 지역을 말한다. 서방은 '옥시덴트(Occident)'. 고대 오리엔트 문명이라 하면 메소포타미아, 이집트 두 지역 문명의 시작부터 알렉산드로스 대왕이 지중해 지역을 통일할 때까지를 말한다.

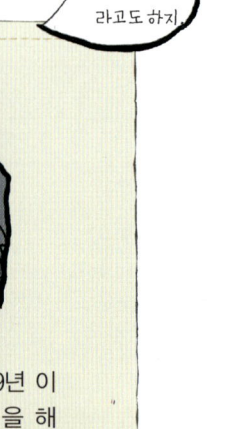

2

페니키아와 헤브라이

페니키아는 기원전 1200년경 지금의 레바논, 시리아 등 동부 지중해 지역으로, 페니키아인들은 지중해를 이용한 해상 상업 활동을 벌였으며, 오늘날 알파벳의 기원이 되는 표음 문자를 남겼다.

헤브라이는 유일신인 여호와를 섬기는 유대인들로 오늘날 팔레스타인 지역에 왕국을 세웠으나 이스라엘과 유대로 분열되었다가 이스라엘은 기원전 722년 아시리아에, 유대는 기원전 586년 신바빌로니아에 멸망되었다.

이들의 신앙은 오늘날 기독교와 이슬람교의 바탕이 되었고, 특히 2000여 년 동안 세계 각지로 흩어진 유대인들은 1948년 팔레스타인 지역에 모여 나라를 건국했다.

특히 바빌로니아 왕국의 6대 왕인 함무라비는 법전을 편찬하고 도량형 통일 및 아카드어를 오리엔트의 공용어로 전파한 것으로 유명해.

이 시기에 60진법과 천문학, 점성술 등이 발달했으며, 태음력, 쐐기 문자, 채색 토기를 사용했대.

사자(死者)의 신 오시리스

이집트인들에게 신은 인간보다 능력이 뛰어나고 막강한 힘을 가진 존재였다. 그 가운데 오시리스는 저승의 신으로, 영생을 기원하는 이집트인들이 가장 널리 받드는 신이다.

오시리스는 여동생인 이시스와 결혼하여 호루스를 낳았는데, 오시리스가 동생인 악의 신 세트에게 죽임을 당하자 나중에 호루스가 세트를 죽여 복수를 하게 된다.

이시스는 현명한 아내이자 어머니의 신으로 이집트 최고의 여신이며, 매의 머리를 한 호루스는 죽은 자의 영혼을 재는 역할을 한다.

상형 문자

수메르인들이 설형 문자를 만들어 쓰기 시작한 때와 비슷한 시기에 고대 이집트인들은 모양과 음, 그리고 수식하는 말 등 세 가지를 가지고 상형 문자를 만들었다.

당시의 신관들이 주로 사용해 히에로글리프, 즉 신성 문자라고 하는데 1799년 이집트의 로제타 마을에서 발견된 '로제타 석'을 해석한 샹폴리옹에 의해 오늘날 남아 있는 상형 문자의 기록들의 내용을 알 수 있다.

이집트 문명

이집트 문명은 기원전 약 3200년부터 마케도니아의 알렉산드로스 대왕이 이집트를 점령한 기원전 332년까지 약 3000년 동안 이어져 왔어.

일찍이 '이집트는 나일강의 선물'이라 할 만큼 나일강의 영향을 받으며 발전해 왔는데, 매년 나일강이 홍수로 넘치는 것을 보면서 농사의 시기를 측정했고, 이러한 홍수 시기를 예측하기 위해 천문학이 발달했어. 좁고 긴 강과 계곡에 둘러싸여 있어 이민족의 침입이 거의 없었으며, 그 때문에 오랫동안 왕국을 유지할 수 있었지.

'태양신의 아들'이라 불리는 파라오의 강력한 왕권과 지리적 특성으로 인한 폐쇄성, 보수성은 메소포타미아의 개방성, 적극성과 대비되어, 오히려 피라미드나 미라 등 이집트만의 독특한 문화를 가질 수 있었어.

영어의 종이를 뜻하는 'paper'의 어원이 된 파피루스에 그림 문자를 기록했으며, 10진법, 태양력을 사용했어.

고대 이집트는 기원전 525년 페르시아의 침략으로 페르시아 지배 아래 있다가 이후 알렉산드로스 대왕에게 점령당했어.

꺼져!

덥지? 물 줄까?

인더스 문명

기원전 약 2500년부
터 기원전 1500년경
아리안족이 침입할 때
까지의 약 1000년간 인더스
강 주변을 중심으로 발달한 문명
이야. 메소포타미아나 이집트보다
약간 늦게 시작된 문명으로 하라파
와 모헨조다로의 유적지가 유명해.

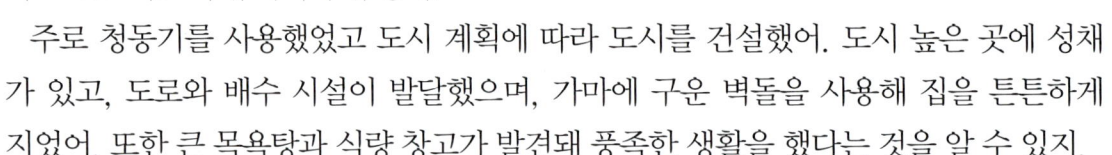

주로 청동기를 사용했었고 도시 계획에 따라 도시를 건설했어. 도시 높은 곳에 성채
가 있고, 도로와 배수 시설이 발달했으며, 가마에 구운 벽돌을 사용해 집을 튼튼하게
지었어. 또한 큰 목욕탕과 식량 창고가 발견돼 풍족한 생활을 했다는 것을 알 수 있지.

인더스 문명은 기원전 1500년경에 갑자기 멸망했는데, 유목 민족인 아리안족이 철제
무기로 무장해 원주민인 드라비다족을 남쪽으로 몰아냈다고도 하고, 마구잡이로 나무
를 베어 홍수가 나는 등 자연 재해로 멸망했다는 설 등 여러 가지 설들이 있어.

모헨조다로 유적 '죽은
자의 무덤'이란 뜻을 가진
인더스 문명의 대표적인 유적지. 기
원전 2500년경 파키스탄 신드 지역
에 건설된 고대 도시로 도시의 둘레
가 5km가 넘고, 최고 12m 높이의 성벽, 큰 목욕탕과 식량 창고, 도로와 배수
시설 등으로 미루어 과거 인더스 문명의 수
도로 여겨지기도 한다.

하라파 유적 모헨조다로 북쪽,
인더스 상류의 펀자브 지방에 있
었던 유적지.

이 안에 물 있다!

모헨조다로였음.

황허 문명

중국의 황허 문명은 기원전 약 3000년경 신석기 농경 문화로 시작됐어. 황허 유역은 고대 오리엔트 문명의 유목 문화와는 달리 농경 문화의 성격을 띠고 있는데, 이 곳이 넓은 땅과 수량이 풍부한 황허라는 강을 끼고 있기 때문이야. 그리고 이민족과의 교류도 거의 없어 독자적인 문명 세계를 만들어 갈 수 있었어.

이 시기의 전설적인 인물들로 중국을 건국했다고 하는 3황과 5제가 대표적이야. 신농, 복희, 수인 등 3황은 인간들에게 농경과 수렵하는 법, 불을 쓰는 법 등을 전해 주었다고 해. 5제 중 황제는 수레, 배, 문자 등을 발명했다고 하며, 전욱과 제곡은 황제의 손자와 증손으로 영토를 넓히고 문화를 발달시킨 인물로 알려져 있어. 그리고 이상적인 왕으로 알려진 요와 순도 5제에 해당되지.

하, 상(은), 주 기원전 2190년경 북중국에 건국된 하나라는 구체적인 유적이 발견되지 않아 전설상의 나라로 알려져 있다. 기원전 1770년경 건국된 상(은)나라가 역사상 중국 최초의 국가로 청동기 문화가 발달했다.
상의 유적인 은허를 통해 그 시대의 생활을 알 수 있는데, 특히 동물의 뼈나 거북의 등딱지에 새긴 갑골 문자로 점을 쳐 나라의 중요한 일을 결정하기도 하였다. 상의 마지막 왕인 주왕은 하의 마지막 왕인 걸왕과 함께 폭군의 대명사로 비유된다.
주나라는 상의 주왕을 몰아내고 무왕이 건국한 나라로 기원전 1122년경부터 기원전 256년까지 존속한 나라다. 지방의 토지를 친족과 개국 공신들에게 나눠 다스리게 하는 봉건제를 실시했는데, 이들은 왕에게 충성을 맹세하고 세금과 군역을 제공했다.

선양 임금이 살아서 혈연이 아닌 유능한 사람에게 임금의 자리를 물려 주는 것. 유교에서 요, 순, 우로 이어지는 선양 방식을 가장 이상적인 임금의 교체 방식으로 여기고 있다.

요와 순 기원전 2350년경, 중국의 이상적인 정치 시대를 연 두 명의 임금. 실재했던 인물인지는 확실하지 않다.
요임금은 5제의 하나인 제곡의 아들로, 모범적인 성군으로 기록되어 있다. 아들 대신 효행이 뛰어난 순에게 천제의 자리를 물려주었다.
순임금은 효도와 우애, 겸손을 덕목으로 백성을 다스렸고, 역시 자신의 아들 대신 능력이 뛰어난 우를 후계자로 삼았다고 한다.

기원전 2333년

고조선 건국

고조선은 역사에 기록된 우리 나라 최초의 국가야. 고려 때 승려 일연은 〈삼국유사〉에서 옛 기록인 〈위서〉와 〈고기〉를 인용해, '옛날 환인의 서자 환웅이 인간 세상을 구하고자 하니, 아버지가 인간을 널리 이롭게 할 만하여(홍익인간), 환웅에게 천부인(신의 표상이 되는 물건) 세 개를 주어 인간 세상을 다스리게 했다.

그리고 태백산 꼭대기 신단수 아래에 신시를 만들고 환웅천왕이 되어 풍백과 우사, 운사를 거느리고 세상을 교화하고 다스렸으며, 곰이 환생하여 사람이 된 웅녀와 혼인하여 단군 왕검을 낳았다.

단군 왕검이 당요가 즉위한 지 50년에 평양성(위서에는 아사달)에 도읍을 정하고 이름을 조선이라고 하였다.' 라고 전하고 있어.

이 때 건국된 조선을 위만 조선과 구별하기 위해 고조선이라 했어.

환웅님 오시기 전에 단장해야지.

내 땅이대!

단군 왕검 고조선을 세운 단군 왕검은 어떤 특정 이름을 뜻하기보다는 대제사장을 뜻하는 '단군'과 국가 통치의 지배자를 뜻하는 '왕검'을 합친 호칭이다. 이는 당시 고조선이 종교와 정치가 일치하는 제정 일치 사회임을 짐작케 한다.

홍익인간 널리 인간을 이롭게 한다는 뜻으로, 단군이 고조선을 다스리는데 기본 이념으로 삼았던 사상.

영국 솔즈베리 평원에 있는 80여 개의 고대 거석 기둥군. 태양신 신전일 가능성이 있다.

기원전 2600년
▶▶▶
기원전 1123년

고조선 건국

기원전 2600년
이집트 피라미드가 만들어지다

기원전 2333년

기원전 2000년
길가메시 서사시가 만들어지다

기원전 1800년
영국에서 스톤헨지가 만들어지다

영원히
살 거야!

이집트의 피라미드는 고왕국 시대의 3~5왕조 약 400여 년 동안 많이 만들어졌어. 최초의 피라미드는 3왕조 조세르 파라오 때의 계단식 피라미드로, 임호텝이 설계했고 높이는 62미터나 돼. 특히 4왕조의 2대 파라오인 쿠푸의 피라미드를 대피라미드라고 하는데, 이 피라미드를 만드는 데 200만 개가 넘는 석회암이 사용됐대. 또 높이가 무려 137.5미터로 지난 4000여 년간 인류가 만든 것 중에 가장 높은 건축물이었지. 카프레, 멘카우레 파라오의 피라미드와 함께 기자의 3대 피라미드라고 하며, 카프레 피라미드에는 파라오의 권력을 상징하는 스핑크스가 조각되어 있어.

기원전 2600년 이집트의 피라미드

저녁엔 세 발.

점심엔 두 발.

아침엔 네 발.

피라미드는 왜 만들었을까?
이집트에는 80개 이상의 피라미드가 있다. 그런데 이집트 파라오들은 왜 거대한 피라미드를 만들었을까?
여기에는 여러 이야기들이 있다. 파라오의 무덤이라는 것, 파라오의 권위를 표시하는 것, 농한기 공공사업의 하나라는 것 등. 하지만 분명한 것은 거대 피라미드를 건축할 정도로 파라오의 권력이 강했으며, 내부의 여러 부장품 등으로 미루어 영원한 안식을 누리려는 파라오의 여망이 담겨 있다는 것이다.

임호텝
이집트 고왕국 시대 3왕조 조세르 파라오 때의 재상으로 건축뿐 아니라 의학, 천문학 등에 탁월한 지식을 가졌다. 최초로 피라미드를 설계한 사람으로 알려져 있으며, 조세르 파라오를 위해 기원전 2660년 한 변이 63m인 계단식 피라미드를 만들었다.

스핑크스
머리는 사람, 몸은 사자 모습을 한 고대 오리엔트의 신화 속 괴물. 높이 20미터, 길이 70미터에 달하는 거대한 조각상으로, 이집트의 4왕조 4대 파라오인 카프레가 만들었다고 전해지며, 얼굴 모습이 카프레를 닮았다고 한다.
스핑크스는 그리스 신화에서 "아침에는 네 다리로, 낮에는 두 다리로, 밤에는 세 다리로 걷는 동물은 무엇인가?"라는 수수께끼를 내고 풀지 못하는 사람들을 죽였는데, 그리스의 철학자인 오이디푸스가 "그것은 사람이다."라고 대답하자 스핑크스는 스스로 물 속에 뛰어 들어 죽었다고 한다.

저, 개 아니에요.

상나라 수도 유적인 은허에서 발굴된 그림 문자로, 점을 치기 위해 동물뼈나 거북 등딱지에 새겼다.

전치
1000년

🥔 미라 영생을 기원하는 이집트인들은 죽은 사람에게도 혼이 있다고 믿었다. 미라는 죽은 사람을 생전 모습 그대로 보존하기를 희망하는 마음에서 탄생했다. 미라를 만드는 방법은 다양하지만 대체로 시신을 깨끗이 씻은 다음 내장을 꺼내 용기에 담고, 시신 속을 방부염 등으로 채운 다음 건조시킨 후 아마포 붕대로 감아 관 속에 넣는 것이 일반적이다.

미라를 만드는 데 걸리는 기간은 대략 70일로, 여러 과정과 긴 시간, 그리고 비용이 많이 들어 일반 평민보다 주로 왕족과 귀족, 부자들이 미라를 만들었다.

⚔️ 최초의 국제 전쟁, 카데시 전투 고대 이집트의 파라오인 람세스 2세와 당시 막강한 철제 무기로 무장한 히타이트 제국의 군주인 무와탈리스 간에 벌어진 국제 전쟁.

기원전 1286년, 터키 지역을 중심으로 점차 세력을 확대해 가던 히타이트와 아프리카 북부에서 점차 시리아 지역으로 북진하려던 이집트의 젊은 파라오가 지금의 이스라엘 지역인 카데시에서 격돌하게 된다. 이 전투에서 두 나라는 서로 막대한 병력을 잃었지만, 1270년의 평화 조약 체결로 히타이트는 시리아 지역의 지배를, 이집트는 외세의 침략 없는 평화로운 시기를 보장받는다.

⚔️ 람세스 2세와 엑서더스 고대 이집트 19왕조의 3대 파라오인 람세스 2세는 전제 군주로 이집트 전역에 많은 신전을 세웠다. 또한 오랫동안 적대 관계였던 히타이트와 평화 조약을 맺고 이집트의 부흥을 이끌어냈다. 이러한 람세스 2세 재위 기간 중에 하나의 역사적인 일이 일어났는데, 엑서더스라고 불리는 히브리 민족의 이집트 탈출(출애굽) 사건이 그것이다.

우르(지금의 바그다드 부근) 출신 아브라함의 후손들인 히브리 민족들은 지도자인 모세를 따라 람세스 2세 때인 1250년경 이집트를 탈출한다.

이들은 시나이 산에서 약속의 계명(십계명)을 받고 40여 년간 사막의 유랑 생활을 보낸 후 마침내 약속의 땅인 가나안 땅으로 들어가게 된다.

이후 히브리 민족은 이스라엘 왕국을 세우고 1대 왕 사울을 거쳐 2대와 3대인 다윗, 솔로몬 시대에 크게 부흥을 하게 된다. 솔로몬은 자신들의 신인 하나님을 경배해 예루살렘에 크고 화려한 성전을 세웠으나, 이 신전은 기원전 587년경 바빌로니아의 느부갓네살 2세에 의해 파괴되고 말았다. 솔로몬 이후 이스라엘은 이스라엘 왕국과 유대 왕국 둘로 분열되고 말았다.

👤 투탕카멘 정확한 이름은 투트 앙크 아멘. 이집트 18왕조의 12대 파라오로 9세에 즉위하여 18세에 요절했다.

오늘날 대부분의 파라오의 무덤이 도굴된 채 발견된 것에 비해 투탕카멘의 묘는 왕가의 계곡에서 온전한 시신과 함께 모형 배와 황금 마스크 등 유물 3500여 점이 거의 훼손되지 않은 채 발견되어 세상의 큰 관심을 끌었다.

또한 투탕카멘 두개골의 함몰된 상처로 제기된 타살 의혹과 당시 발굴 책임자인 조지 카나본 경과 20여 명의 인부들이 10년에 걸쳐 사망하자 파라오의 저주로 죽은 게 아닌가 하는 의혹으로 더욱 유명해졌다. 발굴 당시 투탕카멘의 관에는 "파라오의 평안을 방해하는 자는 모두 죽으리라."라는 글귀가 쓰여 있었다.

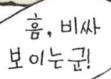

흠, 비싸 보이는군!

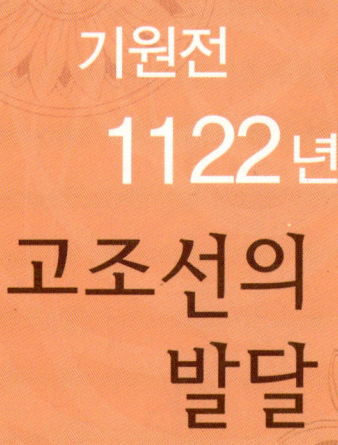

기원전
1122년
고조선의 발달

기자동래설

1122년경 중국 상나라의 기자가 고조선으로 들어왔다고 해. 기자는 중국 상나라 마지막 왕인 주왕의 친척이라고 하는데, 그가 한반도에 들어와 단군 조선에 이어 기자 조선을 세우고 농사, 양잠 등의 기술과 8조 금법을 시행케 했다는 '기자동래설'이 고려와 조선 시대에 유행했어.

하지만 〈사기〉, 〈한서〉, 〈삼국유사〉, 〈제왕운기〉 등 기원전 3세기 이후에 쓰여진 기록에만 나타날 뿐 그 이전의 역사에는 기자가 한반도에 왔다는 기록이 없어 기자동래설은 믿기 어렵다고 볼 수 있어. 그리고 고조선과 중국의 청동기 문화가 서로 다르다는 점도 기자동래설을 믿기 어려운 이유지.

하지만 이 시기에 한반도에서는 농경 문화가 시작됐고 경제가 발달하게 돼. 인구가 늘어나면서 이를 통제할 8조 금법을 시행했고, 정치와 군사를 담당하는 지배 계층과 생산을 담당하는 피지배 계층이 나타났어. 또 왕 밑에 상, 대부, 장군 등 관직도 생겼으며, 철기가 보급되면서 농기구, 무기를 철기로 만들어 나라가 강해졌지.

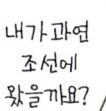

내가 과연 조선에 왔을까요?

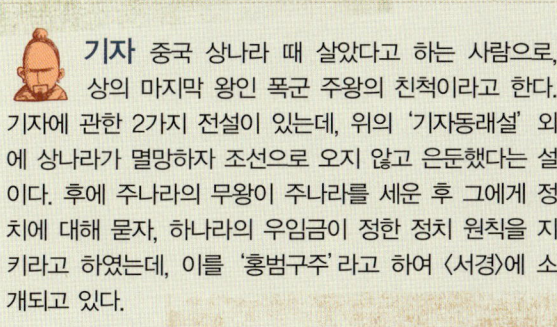

기자 중국 상나라 때 살았다고 하는 사람으로, 상의 마지막 왕인 폭군 주왕의 친척이라고 한다. 기자에 관한 2가지 전설이 있는데, 위의 '기자동래설' 외에 상나라가 멸망하자 조선으로 오지 않고 은둔했다는 설이다. 후에 주나라의 무왕이 주나라를 세운 후 그에게 정치에 대해 묻자, 하나라의 우임금이 정한 정치 원칙을 지키라고 하였는데, 이를 '홍범구주'라고 하여 〈서경〉에 소개되고 있다.

고조선의 세력권을 나타내는 유물들

고조선의 영토는 어디까지였을까? 이에 대해 학자들의 의견은 여러 가지지만 대체로 비파형 동검과 북방식 고인돌의 분포 지역, 미송리식 토기 발견 지역이 고조선의 영향력 아래에 있었을 것으로 보고 있어.

비파형 동검 중국 랴오허(遼河)강 유역에서 만들어져 주로 랴오닝(遼寧) 지방에서 유행하여 랴오닝식 동검이라고도 해. 검몸과 손잡이, 검자루맞추개돌 등이 조립식으로 만들어져 있는 것이 특징이며, 기원전 4~5세기경에 많이 사용됐어. 생긴 모양이 악기

기원전 1122년
▶▶▶
기원전 552년

고조선이 발달하기 시작
기원전 1122년

기원전 1000년
중국, 주나라 건국

한반도에서 농경이
시작되다
기원전 1000년

기원전 850년
그리스, 폴리스가
만들어지다

기원전 776년
제1회 고대 올림
픽이 열리다

인 비파와 닮았다고 해서 비파형 동검이라 불리고 있지. 북방식(탁자식) 고인돌이 있는 지역에서 많이 발견되고 있으며, 만주 지역과, 함경도를 제외한 우리 나라 전국에서 발견되고 있어.

　중국의 동검과는 제작 방법과 모양이 전혀 달라서, 같은 시대이면서 서로 다른 동검 문화를 가졌음을 알 수 있으며, 고조선이 중국과는 별개의 독자적인 문화를 만들었음을 알 수 있지. 비파형 동검은 청동기 후기와 철기 시대로 넘어가면서 세형 동검으로 발전하게 돼.

　미송리식 토기 청동기 시대의 민무늬 토기의 일종으로, 평안북도 미송리 동굴 유적에서 전형적인 모습을 보인다고 하여 미송리식 토기라고 해. 생긴 모양은 대체로 표주박의 위아래를 자른 모양을 하고 있고, 양 옆으로 한 쌍의 손잡이가 있는 것이 일반적인 민무늬 토기와는 다른 특징이야.

청동기는 어디에 쓰였을까?
청동기 시대라고 해도 실제로 사용하는 생활 도구나 사냥 도구는 대부분 석기를 이용하였다. 청동기는 귀했기 때문에 주로 장신구나 무기용으로 이용되었다. 청동기 무기는 단단하고 오래 사용할 수 있었기 때문에 효과가 컸으며, 장신구용 각종 청동기들은 제사장이나 지배층에서 사용하였다.

고조선의 사회 생활과 모습
고조선의 사회 생활과 모습은 어떠했을까? 기원전 5세기경 철기 문화가 한반도에 들어오고, 고조선의 통치 범위가 넓어지면서 고조선의 인구가 증가하고 생산력이 늘어났다. 그러면서 사유 재산이 생겨나고, 재산의 많고 적음에 따라 계급이 생겨나게 된다.
정치와 군사 부문의 요직을 지배 계급이 담당했으나, 생산을 담당한 평민들의 노동력 역시 중시한 농경 사회임을 8조 금법을 통해 알 수 있다.

8조 금법
8조 법이라고도 하는데 〈한서〉 지리지에 지금은 3개조만 남아 전해진다. '살인자는 사형에 처한다', '남을 다치게 한 자는 곡물로 갚는다', '남의 물건을 도둑질한 자는 그 집 주인의 노예가 되거나 돈 50만 전을 내놓아야 한다' 등이다.
이러한 조항으로 당시 사회는 개인의 생명을 중시하며, 사유 재산이 인정되는 농경 사회이면서, 노예가 있다는 것으로 보아 계급 사회임을 알 수 있다.

초상권 침해 잖아!

기원전 770년
중국 춘추 시대 시작

기원전 753년
로마 건국

기원전 594년
그리스 아테네, 솔론의 개혁

기원전 563년
석가모니 탄생

기원전 552년
공자 탄생

미송리식 토기는 고조선의 세력권 내에서 대체로 발견되고 있고, 다른 지역에서는 발견되지 않아 고조선의 영토를 추정하는 유물로 평가받고 있어.

고인돌

모양에 따라 북방식(탁자식), 남방식(바둑판식), 개석식으로 나뉘는데, 한반도에 전 세계 고인돌의 약 50%가 밀집되어 있어. 청동기 시대의 대표적인 무덤으로, 규모에 따라 권력자나 지배 계층의 정치적, 경제적인 힘을 나타내고 있지. 특히 북방식 고인돌은 고조선의 세력권과 밀접한 관계가 있는데, 주로 북한과 만주 지역에서 발견되고 있어.

🪨 고인돌은 어떻게 만들었을까?

1. 먼저 큰 바위에서 받침돌을 떼어내 통나무를 이용해 끌고 온다.
2. 구멍을 파고 받침돌을 세운 다음, 받침돌이 쓰러지지 않도록 돌과 흙으로 채운다.
3. 덮개돌을 올리기 위해 받침돌 주변으로 완만하게 경사지도록 흙을 쌓는다.
4. 덮개돌을 통나무를 이용해 받침돌 중앙에 오도록 올린 다음 흙을 파낸다.

기원전 551년
▶▶▶
기원전 490년

기원전 525년
페르시아가
오리엔트를 통일

기원전 509년
로마에서
공화정이 시작

기원전 508년
그리스 아테네에서
본격적으로 민주주의가 시작

기원전 490년
아테네, 마라톤 전투에서
페르시아군 격파

고대 그리스에서는 크고 작은 제전 경기가 많이 열렸어. 그중에서 4년마다 열리는 올림피아 제전은 그리스의 최고의 신인 제우스에게 바치는 종교 행사의 하나였는데, 올림피아에서 열렸기 때문에 올림픽이라고 불렸어. 기원전 776년에 시작돼 기원후 393년 로마 황제인 테오도시우스 1세가 금지할 때까지 1000년 넘게 293회나 열렸어.

올림픽에는 모든 도시국가들이 참가할 수 있었으며, 이때는 모든 분쟁과 전쟁이 중단되었다고 해. 처음에는 하루 동안 단거리 경주만 열리다가 기원전 708년엔 고대 5종 경기인 단거리 경주, 멀리뛰기, 창던지기, 원반던지기, 레슬링이 열렸어. 기원전 688년에는 복싱이, 기원전 648년 33회 대회 때는 판크라티온이 경기 종목에 추가되었어.

기원전 776년
제1차 고대 올림피아 제전

⚔️ **어린이 올림픽** 기원전 5세기경 어린이들도 올림픽에 참여하였는데, 권투, 레슬링, 장거리 달리기 등 세 종목으로 경기를 치렀다.

⚔️ **근대 올림픽 경기** 1000여 년간 이어져 온 고대 올림픽은 393년 로마의 테오도시우스 1세 황제가 금지된 이후 그 맥이 끊어졌다. 그러다 1896년 프랑스의 쿠베르탱 남작의 제안으로 고대 올림픽의 발상지인 그리스 아테네에서 근대 올림픽 1회 대회가 열렸다. 당시에는 13개국이 참가했으며, 1916년 6회 대회와 1940년 12회 대회는 1, 2차 세계 대전으로 열리지 못했다. 1988년에는 우리 나라 서울에서 제24회 대회가 열려 160개국이 참가했다.

판크라티온 복싱과 레슬링의 기술을 합친 격투기로 고대 올림픽 경기에서 가장 인기 있는 종목 중 하나였다. 맨몸으로 주먹으로 지르고 꺾고, 누르고, 던지는 등 눈 후비기와 물어뜯기를 제외한 모든 기술을 동원해 상대가 항복할 때까지 계속하는 경기다.

기원전 2000년
에게 문명과 고대 그리스

에게 문명

에게 문명이란 지중해 동쪽 에게 해에서 발달한 청동기 해양 문명이야. 유럽 최초의 문명 발상지인 에게 해는 오리엔트 문명과 유럽을 이어 주는 징검다리 역할을 했는데, 크레타(미노아) 문명과 미케네 문명으로 나뉘어져.

크레타(미노아) 문명

바다를 중심으로 세력을 키워 나간 크레타인들은 도자기, 향수, 올리브 오일, 와인 등을 팔아 부자가 되었어. 기원전 2000년경부터 약 600년 동안 전성기로 이 때 미노스 왕의 라비린토스(labyrinthos)로 유명한 크노소스 궁전이 세워졌어. 동방과 그리스 간 문화의 다리 역할을 했으나, 기원전 1700년과 1400년경 크레타 섬에 지진이 크게 일어나 궁전이 파괴되면서 멸망하고 말았어.

오, 소녀다!

유후~

길을 잃었어.

미노타우로스 조성!

라비린토스 크레타의 왕인 미노스의 지시에 따라 다이달로스가 지은 미로 건물로, 한번 들어가면 다시 빠져나올 수 없을 정도로 복잡했다. 안에는 반인반우의 미노타우로스가 이 건물로 들어오는 아이들을 잡아먹었는데, 아테네의 영웅 테세우스가 몸에 실을 매고 들어가 미노타우로스를 죽이고 무사히 빠져나왔다고 한다.

그리스 본토

트로이

지중해

올림피아

크레타

스파르타

미케네 문명

미케네 문명은 기원전 1600년경에 그리스 본토에서 시작되었어. 미케네 사람들은 호전적이었으며 침략을 대비해 성벽을 쌓았어. 기원전 1250년에 만들어진 사자문은 미케네 성채에 세워진 거대한 돌문으로, 사람들은 여기를 통해 미케네로 들어갔다고 해.

흑해 근처의 도시국가인 트로이와의 전투에서 승리하기도 했으나 기원전 1100년경 도리아인의 침입으로 미케네는 멸망하고 말았어.

고대 그리스

기원전 1100년경 미케네가 멸망하고, 기원전 8세기경 그리스에서 폴리스라는 도시국가가 만들어지기 시작했어. 그리스는 국토의 대부분이 산지로 되어 있어 지형적인 특성으로 자신만의 세력을 가진 폴리스들이 많이 있었으며, 그중에 아테네와 스파르타가 대표적이었지. 폴리스 시내 중심의 언덕에 아크로폴리스라는 성채와, 시장이자 정치의 회의장인 아고라가 있었으며, 시 외곽은 농경지로 되어 있었어.

아테네

아테네는 상공업과 문화가 발달한 부유한 도시국가였어. 아테네의 정치는 초기 왕정에서 시작해 귀족정과 금권정을 거쳐, 비합법적으로 지배자가 된 참주가 정치하는 참주정에 이어, 시민이 정치의 주체자 되는 민주정으로 발전했어. 아테네는 페르시아와 전쟁에서 승리한 후 전성기를 맞았으나, 펠로폰네소스 전쟁 이후 쇠퇴해 갔지.

아테네에서 활동한 인물들

솔론(기원전 630~560년) 고대 그리스의 일곱 현인 중 한 명으로, 당시 그리스의 빈부 격차 해소를 위한 여러 개혁들을 단행했어. 빚 때문에 땅을 빼앗기고 노예가 된 시민들에게 땅을 돌려주고 노예로부터 해방되도록 했지.

또 재산의 많고 적음에 따라 정치에 참여하는 권리를 제한했으나, 모든 시민은 에클레시아라고 하는 민회에 참석해 법률을 의결하고 관리를 선출할 수 있도록 했으며, 극빈층을 제외한 시민들에게는 민회의 일을 준비할 수 있는 400인회에 들어갈 수 있도록 했어.

클레이스테네스(기원전 570~508년) 아테네의 민주 정치를 본격적으로 이룩한 인물이야. 귀족 세력에 대항하여 공적인 권리와 의무를 10개의 데모스(지역별로 나눈 구(區)와 같은 것)에 비치된 시민등록부에 등재된 시민에게 줌으로써 모든 시민들이 참정권을 갖게 돼, 과거 혈연에 기반을 둔 정치로부터 시민들의 정치적인 자유가 이루어졌어. 이로 인해 귀족들은 파벌을 만들기가 어렵게 되었지.

또한 오스트라키스모스라고 하는 도편추방제를 실시해, 국가에 해악

이솝(기원전 6세기경) 고대 그리스 사람으로 〈이솝 이야기〉의 작자. 태어나고 죽은 해를 알 수 없지만 역사가 헤로도토스는 그가 사모스에서 노예로 태어났다고 한다. 〈이솝 이야기〉는 동물의 행동이나 모습을 통해 인간의 행태를 풍자한 이야기집이다.

호메로스(기원전 800~750년) 고대 그리스의 작가로 〈일리아스〉와 〈오디세이아〉의 저자. 〈일리아스〉는 그리스와 트로이 간의 전쟁을 이야기한 대서사시이며, 〈오디세이아〉는 트로이 전쟁 후 오디세우스가 바다에서 표류한 다음 귀국하게 된 이야기를 다룬 서사시다. 이 두 편은 2700여 년이 지난 지금도 현대인들에게 가장 많이 읽히는 고전 문학의 하나다.

을 끼칠 만한 인물을 도자기 파편에 이름을 써서 6000표가 넘으면 10년간 국외로 추방하도록 했어.

페리클레스(기원전 495~429년) 귀족들의 세력 거점인 아레오스 파고스회의 권한을 박탈하고 민회 및 500인 회의, 민중재판소 등에 권한을 부여하도록 했어.

또한 민회 참석자나 배심원 등 공무를 위해 일하는 사람들에게 일당을 주었으며, 관리는 희망자 중에 선출하도록 했어. 그는 도편추방을 당하지 않을 정도로 시민들로부터 인기를 얻었고 기원전 443년 이후 매년 스트라테고스(민회에서 선출하는 장군으로 군사 및 정치적인 지도자)에 선출되기도 했어.

적대적이었던 페르시아, 스파르타와 외교 관계를 맺었고, 델로스의 기금을 아테네로 옮김으로써 아테네가 델로스 동맹의 맹주 역할을 하는 등 그가 다스렸던 기간은 정치와 문화적으로 아테네 최전성기였어.

하지만 그가 죽은 후 아테네는 스파르타와 펠로폰네소스 전쟁에서 패하고 급격히 쇠퇴의 길을 가게 돼.

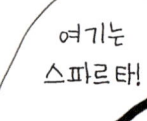

여기는 스파르타!

스파르타

스파르타는 여러 가지 면에서 아테네와 대비되는 도시국가야.

스파르타에서는 전체 구성원의 약 2%인 시민들이 권력을 독점하는 지배 계급이었는데, 이들은 나머지 98%의 주변인과 노예들을 다스리기 위해 강력한 군사 통제를 할 수밖에 없었어. 아테네의 민주 정치가 구성원 50%에 달하는 시민을 기반으로 했던 것과는 크게 구별되는 점이지.

따라서 스파르타의 남자들은 집단 생활을 통해 육체 단련과 군사 훈련을 받았으며, 여자들도 건강한 출산뿐 아니라, 남자들이 전쟁을 나가 국가를 비운 사이에 구성원의 대부분을 차지하는 헬로트라 불리는 노예들을 잘 통제하기 위해서 여러 체육 활동들을 해야 했어.

펠로폰네소스 남부에 위치한 스파르타는 주변 국가들과 군사 동맹을 맺고 펠로폰네소스 동맹의 맹주가 되었어. 당시 최강의 군사 국가였지만 노예들이 반란을 일으킨 데다, 델로스 동맹으로 세력이 커진 아테네에 밀리게 되었어. 그러다 기원전 404년, 펠로폰네소스 전쟁에서 아테네에 승리를 거두면서 그리스의 패권을 장악하게 되었지.

하지만 스파르타식의 강압 정치는 주변 폴리스들의 반감을 사게 됐어. 페르시아의 지원을 받은 코린트, 아테네, 아르고스와 기원전 395년 코린트 전쟁을 벌이는 등 스파르타 대 폴리스 국가들의 대립은 폴리스의 쇠퇴를 가져오게 되었어.

그러다 결국 그리스 북부에 위치한 마케도니아의 필리포스 2세와 그의 아들 알렉산드로스에게 그리스의 폴리스 국가들은 굴복하고 말았어.

저, 공부하고 싶어요.

안돼! 오늘은 달리기 연습이야!

⚔ 페르시아 전쟁 기원전 492년부터 448년까지 당시 오리엔트를 통일한 페르시아와 그리스 폴리스들 간의 전쟁. 총 3차에 걸친 페르시아의 원정 전쟁으로, 모두 그리스가 승리하였다.

1차 전쟁은 페르시아의 지배를 받던 소아시아의 이오니아 지방 반란을 진압할 목적으로 다리우스 1세가 군대를 일으켜 이 지방의 반란을 진압한 후, 이어 그리스 트라키아를 점령하기 위해 출발했으나 폭풍을 만나 300여 척의 배와 2만여 병사들이 목숨을 잃고 퇴각하였다.

2차 전쟁은 아테네가 이오니아를 도왔다는 이유로 기원전 490년 다리우스 1세가 20여 만 군사를 이끌고 그리스를 침입하였으나 중장보병으로 무장한 그리스군에 의해 마라톤 전투에서 패하여 물러났다.

3차 전쟁은 다리우스 1세의 사망 후 아들인 크세르크세스가 대대적인 규모로 군대를 모아 기원전 480년에 시작되었다. 페르시아는 테르모필레 전투에서 스파르타군을 물리쳤으나 살라미스 해전에서 패하여 물러나게 된다.

이 전투 후 페르시아의 침략을 막기 위해 승리의 주역인 아테네를 중심으로 그리스 폴리스들은 델로스 동맹을 맺게 된다.

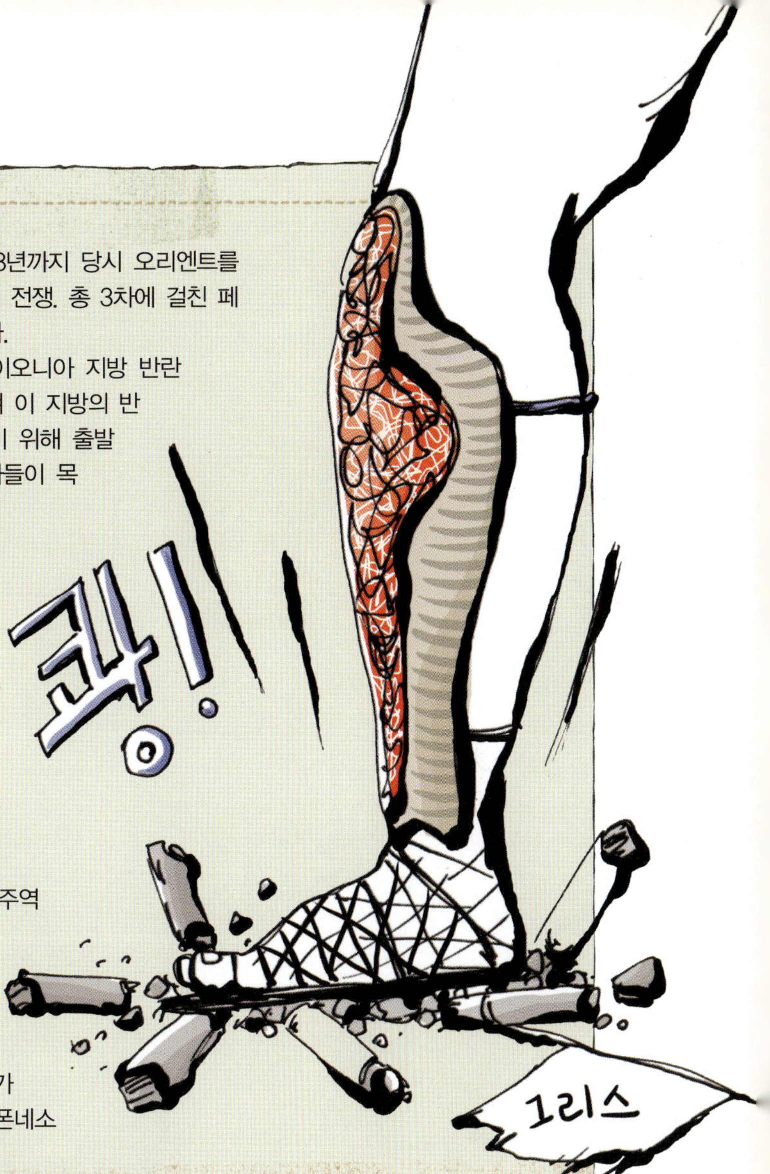

⚔ 펠로폰네소스 전쟁 페르시아 전쟁 후 아테네는 델로스 동맹으로 번영을 구가하고 있었으며 이에 불안을 느낀 스파르타와 펠로폰네소스 동맹이 연합하여 아테네와 싸운 전쟁.

기원전 431년에 시작해 404년에 스파르타의 승리로 끝났으며, 델로스 동맹은 해체되고 그리스의 패권이 스파르타로 옮겨 갔으나 그리스는 폴리스들 간 대립과 분쟁으로 쇠망의 길을 걷다 알렉산드로스에게 멸망되고 말았다.

콰앙!

그리스

폭 폭!

페르시아 군이다!

공격하라

옴마야!

트로이 전쟁

들어는 봤냐? 트로이 전쟁!

일리 아스

트로이 전쟁은 호메로스의 대서사시 〈일리아스〉에 기록되어 있지.
테티스와 펠레우스의 결혼식날, 불화의 여신 에리스는 황금사과를 던지곤 휙 나가 버렸어.
그러자 황금사과를 둘러싸고 헤라, 아테나, 아프로디테가 서로 다투었어. 이에 제우스는 트로이의 왕자 파리스에게 판정을 내려 달라고 부탁했어.

파리스는 미의 여신 아프로디테를 선택하게 되고, 아프로디테는 세상에서 가장 아름다운 여인인 스파르타의 왕비 헬레네를 파리스에게 주었어.

오늘부터 넌 헬레네와 사랑에 빠질 거야!

앗싸!

헬레네

왕비를 빼앗긴 스파르타의 왕, 메넬라오스는 화가 나 그리스 연합군을 구성해 트로이군을 정벌하러 떠나게 되고,

파리스 이 놈! 감히 남의 부인을 훔치고도 무사할 줄 알았냐?

아가멤논, 오디세우스, 아킬레우스 등이 이끈 그리스군과 파리스, 헥토르, 아이네아스 등이 지휘한 트로이군은 일진일퇴를 거듭하며 10년간 싸웠어.

전쟁이 길어지자, 오디세우스는 꾀를 생각해 냈어. 트로이의 성 밖에 거대한 목마를 만들어 그리스 병사를 그 안에 숨겨 놓고 후퇴하는 척했지.

트로이군은 그리스군이 목마를 버리고 후퇴하자 목마를 끌고 성 안으로 들어 와 승전을 축하했어.
한밤중, 목마의 배가 열리고, 그 속에서 쏟아져 나온 그리스군은 잠들어 있던 트로이군을 무찔렀어. 그리고 오디세우스는 헬레네를 무사히 구출해 돌아왔지.

기원전 1500년 고대 인도

중생을 구제하기 위해서 이 정도 고통쯤이야.

기원전 1500년경, 카스피해 근처에서 살던 유목민족인 아리안족이 인도 펀자브 지방으로 몰려 오자, 이 지역에 살던 원주민인 드라비다족은 인도의 남부 지역으로 밀려나고 말았어. 아리안족은 펀자브에서 살면서 유목 생활에서 벗어나 농경 생활을 하게 되는데, 이 시기를 '베다 시대'라고 해.

초기 베다 시대에 카스트 제도가 생겨났는데, 아리안족의 정복 사업에서 정복민과 피정복민 사이에 신분 계층이 나타나면서, 제사를 담당하는 브라만, 지배 계급과 군인으로 대표하는 크샤트리아, 생산에 종사하는 일반 평민인 바이샤, 그리고 주로 피정복민으로 구성된 노예인 수드라로 구분되었어.

베다 시대 후기로 오면서 인도 종교 철학들이 발전하여 기원전 700년경 '우파니샤드'를 탄생시켰는데, 이는 인도 종교 철학의 기본이 되었지.

카스트 제도 인도 사회의 계급 제도로 아리아인이 인도에 진출하던 시기에 나타난 것으로 추정하고 있다.
가장 위의 계급은 브라만으로 대체로 제사를 담당하는 사제들이 해당되며, 두번째 계급은 크샤트리아로 무사나 귀족들이 해당된다. 세번째는 바이샤로 농민이나 상인 등 일반 서민들이 이에 해당되고, 네번째는 수드라로 대부분 피정복민들로 구성된 노예 계층이다.
각 계급은 세습되었으며 계급간 결혼도 금기시 될 정도로 서로 배타적이었다. 비록 현대에 들어와서 인도 사회에서는 카스트 제도가 이미 법률로 없어졌지만 3000여 년을 이어온 카스트의 굴레에 아직도 고통을 받고 있는 인도인들이 많다.

석가모니(기원전 563~483년) 인도 북쪽의 카필라 왕국의 왕자로 태어난 석가모니는 왕궁에서 살다가 어느 날 밖에 나와 노인과 병든 사람, 죽은 자와 승려 등을 보게 된다. 그들의 모습에서 늙음과 고통, 죽음 등에 대해 번민하다, 29세 되던 해에 왕궁을 나와 진실을 찾기 위한 고행을 한다. 6년여 고행 끝에 보리수 아래에서 깨달음을 얻고 부처가 된다.
그후 석가모니는 45년에 걸쳐 설법을 하고 80세에 쿠시나가라 숲에서 입적을 하였다. 그의 이름 석가모니는 그가 태어난 석가족의 성자란 뜻이다.

베다 고대 인도의 신화적인 종교 문학으로 우주의 원리와 신앙을 나타내는 문학 작품.

불교의 탄생

기원전 5, 6세기가 되면서 제사와 형식에 매인 브라만 중심의 지배 구조에 변화가 일어나게 돼. 특히 제2계급인 크샤트리아들 사이에서 불교에 대한 관심이 높아지면서, 이를 중심으로 작은 왕국들이 탄생하게 돼.

이러한 소왕국들은 다양한 사상들을 가지면서 성장하지만 기원전 327년 알렉산드로스 대왕의 침략으로 무너지고 말았어. 하지만 알렉산드로스가 일찍 죽는 바람에 펀자브 지역을 중심으로 찬드라 굽타가 인도 최초의 통일 국가인 마우리아 왕조를 열었어.

우리 나라 불교의 전래

인도에서 탄생한 불교는 점차 주변 국가로 전파됐다. 공식적으로 우리 나라에 불교가 들어온 시기는 고구려 17대 소수림왕 2년인 372년으로, 중국의 5호 16국 중의 하나인 전진(前秦)을 통해서였다. 하지만 그 이전에 이미 일반 백성들에게 불교가 전파되었을 가능성이 크다.

이 시기에 불교는 중국에 전래된 지 400여 년이 지난 때로, 중국을 오가는 사람들을 통해 불교가 알려졌을 수 있기 때문이다.

고구려에 불교가 전파된 후 백제는 침류왕 때인 384년에 불교를 받아들였고, 이어 신라가 불교를 받아들였다.

왕조의 탄생

마우리아 왕조(기원전 317년~기원전 180년)

찬드라 굽타가 세운 고대 인도 최초의 통일 왕조. 3대 왕인 아소카 왕 때에 전성기를 맞이하는데, 남부를 제외한 인도 전지역을 통일하여 진정한 통일 국가를 이루었어. 그는 정복을 하면서 살생에 대한 고민으로 불교에 귀의하게 되고, 불교를 통치 기반으로 삼았으며, 또한 해외에 적극적으로 불교를 전파했는데 이는 소승불교의 기원이 되었지.

나랑 비슷하게 생긴 신이 힌두교에 있다는데.

쿠샨 왕조(45~245년)

아소카 왕 이후 마우리아 왕조는 쇠퇴를 하다가 푸샤미트라에게 멸망되고 말았어. 이후 인도는 여러 세력으로 분열되었어. 그러다 기원을 전후하여 중앙아시아의 유목 민족인 쿠샨족이 인도 북서부의 간다라 지역과 카슈미르 지역을 지배하면서 쿠샨 왕조를 세웠어.

이 시기에 인도는 동서 문화의 활발한 교류로 간다라 미술이 탄생하면서 대승불교를 열었고, 아리안 계통의 바라문교와 인도 토착 신앙이 결합된 힌두교가 발달하게 돼. 그리고 백과사전적인 종교 성전이자 인간이 일생 동안 지켜야 할 법규를 담은 마누 법전이 만들어졌어.

전국에 이런 돌기둥을 세워라.

아소카

불교를 숭상하라
종교에 관용을 베풀라
채식을 하라

굽타 왕조(320~550년)

쿠샨 왕조가 쇠퇴하면서 찬드라 굽타 1세는 인도 북동부 갠지스 강 주변에 굽타 왕조를 세웠어. 3대인 찬드라 굽타 2세 때 인도 중북부 지역을 대부분 통일했으며 유럽

과도 활발히 무역했어. 인도 고유의 민족적인 성향을 나타내는 다양한 문화들이 발달했고, 특히 힌두 문화가 꽃을 피운 시기이기도 해.

불상과 사원 등 불교 문화가 발달했으며, 이 시기에 아잔타 석굴이 개굴되었어. 또한 시와 희곡 등 세속 작품들도 함께 나타났고, 힌두의 여러 신들을 모신 건축물들도 규모가 커지기 시작했어.

아소카 왕(재위 기원전 268~232년)의 칙령 아소카 왕은 인도 마우리아 왕조의 세 번째 왕으로, 인도의 남부 지역을 제외한 전 지역을 통일하고 불교를 장려하고 여러 공공 사업을 펼쳐 이상적인 군주로 평가받고 있다.

아소카 왕이 칙령을 내리게 된 계기는 그가 왕위에 오른 지 9년째에 벌어진 칼링가 전투에서 무참한 살육과 전쟁의 참상을 겪은 후, 무력 싸움을 중지해야겠다고 결심하면서부터다.

그는 인간이 지켜야 할 윤리인 '다르마'를 채택하고, 자신의 나라 곳곳에 돌기둥을 세운 후 채식을 권장하고 여러 종교 간 관용을 베풀라는 칙령을 내렸다. 돌기둥 아래에 새겨진 법륜은 후에 인도 국기의 문장이 되었다.

카니슈카 왕(재위 2세기경) 쿠샨 왕조의 세 번째 왕으로 2세기경, 인도의 영토 확장과 함께 간다라 미술과 불교를 널리 전파하는 데 커다란 역할을 하였다.

그는 인도 서북 지역과 간다라 지역을 평정하여 영토를 넓혔고, 투르키스탄 지역의 일부를 손에 넣어 동아시아 지역으로 불교가 전래되도록 하였다.

간다라 미술 쿠샨 왕조의 수도였던 페샤와르 주변 지역을 간다라라고 하는데, 이 지역을 중심으로 하는 불교 미술을 뜻한다.

이 지역은 예로부터 동서 문화의 집합지이자 갈림길로, 쿠샨 왕조 이전에도 페르시아와 알렉산드로스 대왕 등으로부터 지배를 받으면서 일찍부터 동서양 문화 교류가 진행되었다.

그러다 쿠샨 왕조 시절 불교를 숭상한 카니슈카 왕이 이 지역을 점령하자, 서양의 문물과 접하면서 그리스 로마풍의 불교 미술이 탄생하는데 이를 간다라 미술이라고 한다. 특히 이 시기에 등장한 불상은 그 모습이 그리스 조각과 유사하며, 우리 나라의 석굴암 불상도 간다라 미술의 영향을 받았다.

굽타 양식 쿠샨 왕조의 간다라 미술과 대비되는 굽타 양식은 얼굴과 옷의 표현에서 인도적인 면이 강하게 나타나는데, 중국 당나라를 거쳐 우리 나라의 백제, 일본의 나라 불교 미술로 전파되었다.

연

고조선

진(晉)

제

진(秦)

위

주

노

정 조 송 등

오

초

월

황실의 친척들에게
영토를 나누어 다스리게
하여 정치 질서를 유지했던
주나라는 9세기경부터 황실의
힘이 약해지고 대신 지방 토착 세
력과 연대한 제후들의 힘이 커지기 시작
했어. 그러던 중 기원전 770년 주의 평왕은 견
융의 침입을 받아 도읍을 종주(지금의 시안 근처)에
서 뤄양으로 옮기게 돼. 이를 주의 동천이라 하는
데, 천도 이전을 서주, 천도 이후를 동주라고 해.

춘추 시대

기원전 770년 주의 동천 이후 기
원전 403년 전국 시대 전까지
약 360여 년을 춘추 시
대라고 해. 춘추란
말은 노나라의 공
자가 편찬한 역사서
인 〈춘추〉에서 유래해. 춘추 시대는 제
후들이 무력으로 나라를 세워, 제후국
들 간에 연합과 전투로 주도권을 잡아
가던 시기야.

춘추 시대 초기에는 1000개
가 넘는 나라들이 있었으나 차
차 정리가 되어 약 15개의 나
라가 서로 힘을 겨루게 되었
지. 이들 중에는 예전에 중원
의 국가들이 오랑캐라고 여겼던
남쪽 지방의 초나라와 오나라, 월나라 등의 나라들도 등장
하는데, 제나라와 진나라 등 주의 황실과 밀접한 제후들은

기원전
770년
춘추 전국 시대

춘추 5 패

'존왕양이' 라는 명분을 내걸고 이들과 대립하게 돼.

　그러면서 차츰 넓은 영토와 강력한 군사력을 가진 제후들이 앞서 나갔는데, 이들을 패자라고 불렀어. 패자들은 같은 시기에 동시에 나타난 것이 아니라 시기에 따라 강력한 주도 국가가 되었는데, 제나라의 환공부터 시작해 진의 문공, 초의 장왕, 오의 합려 혹은 부차, 월의 구천 등을 춘추 5패라고 했어.

전국 시대

　중원에 자리 잡고 있던 진(晉)에서 조, 위, 한의 3제후가 자립함으로써 본격적인 힘의 대결 시대가 열리게 돼. 이를 전국 시대라고 해.

　전국 시대는 기원전 403년에 시작해 진(秦)의 시황제가 중국을 통일하는 기원전 221년까지로, '전국' 이란 이름은 한나라의 유향이 쓴 〈전국책(戰國策)〉에서 나왔어. 국가들 간의 살아남기 위한 치열한 약육강식의 시대로, 수많은 나라들이 나타났지만 진, 초, 연, 제, 한, 위, 조 등 7개 국가가 강대국으로 부상해 이들을 전국 7웅이라 불렀어.

　치열한 생존의 시대에 국가들은 유능한 인재들을 등용했는데, 춘추 시대 말부터 전국 시대에 이르기까지 수많은 학자와 학설들이 등장했어. 이를 제자백가라고 하지. 제자백가의 학설은 중국의 정치 사상에 많은 영향을 끼쳤는데 공자, 맹자의 유가 사상과 노자, 장자의 도가 사상, 법가, 묵가 등 그야말로 백가쟁명이 난무하던 때가 바로 이 때였어.

백가쟁명 춘추 전국 시대에 제후들은 자기 나라가 강해지기 위해 유능한 인재를 모았는데, 이들 인재들은 다양한 학설과 이론으로 주장을 폈으며, 제자백가(諸子百家)라고 불렸다. 이런 제자백가들이 서로 논쟁하고 토론하던 것을 백가쟁명이라 했는데, 이 시대의 대표적인 학파와 인물로 유가의 공자와 맹자, 도가의 노자와 장자, 법가의 상앙과 한비자, 묵가의 묵자 등을 들 수 있다.

4

기원전 221년

진, 최초의 중국 통일 국가

다 태워 버려라!

진(秦)의 중국 통일

기원전 221년, 진의 시황제가 춘추 전국 시대의 혼란을 끝내고 중국을 통일했어. 시황제는 제후들과의 전쟁을 끝내고 강력한 중앙 집권 체제의 통일 국가를 건설했지.

시황제는 법가를 사상의 기반으로 해 강력한 법치 국가를 만들려고 했어. 군현제를 실시하고, 화폐와 문자, 도량형을 통일했으며, 만리장성을 만드는 등 집권 12년 동안 대제국의 기초를 닦은 인물이야.

하지만 강력한 법치만을 강조한 나머지 가혹한 현실 정치를 비판한 유가 사상을 탄압하고, 진나라 책과 실용 서적을 제외한 모든 서적을 불태우고 유학자를 생매장시키는 '분서갱유'를 저질렀지.

이러한 진시황의 억압 정치와 지나친 토목 공사로 중국 최초의 통일 국가는 그가 죽은 후 3년이 지난 기원전 206년에 한나라의 유방에게 멸망되고 말았어. 중국의 영문명인 차이나(China)는 바로 진의 영문 표기인 친(Chin)에서 따왔다고 해.

만리장성 중국 산하이관에서 자위관에까지 동서 길이 총 연장 6,000여km에 이르는 성. 인류 최대의 토목 공사인 만리장성은 춘추 시대 때부터 북방을 방어하기 위해 만든 성벽들을 진시황제 때 북방 흉노족을 견제하기 위해 서로 연결하고 증축했다. 만리장성은 이민족의 경계뿐 아니라 한족과 이민족의 경계를 그어 문화적으로 발전이 저해된 면도 있다. 1987년 세계 문화 유산으로 등재되었다.

군현제와 군국제 진나라에서 실시한 군현제는 전국에 군과 현을 두고 중앙 정부에서 관리를 직접 파견하여 다스리는 지방 행정 제도로, 중앙 정부의 힘이 강했을 때 효율적으로 운영된다. 한나라 초기에 실시한 지방 행정 제도인 군국제는, 통일에 기여한 공신들을 제후로 삼아 땅을 나누어 주고 다스리게 한 봉건제와, 그 외 지역은 '군'으로 삼아 관리를 파견한 군현제의 복합적인 성격을 띈다.

오! 정말 길다.

유방의 한(漢)나라 건국

　기원전 206년 진나라를 멸망시킨 유방은 한왕이 되어 초패왕인 항우와 대륙 천하를 놓고 일전을 벌였어. 전쟁 초기에는 항우가 많이 이겼으나, 기원전 202년 해하에서 유방은 항우에게 승리를 거두어 진시황에 이어 다시 중국을 통일해 한나라를 세우고 황제에 올랐어. 한나라는 220년까지 423년간 중국을 다스렸는데, 중국 민족을 뜻하는 '한족(漢族)'이 여기에서 나왔어.

　장안을 수도로 하여 건국된 한나라는 진의 체제를 이어받아 군현제를 전국 조직의 기본으로 삼았어. 그리고 나라를 세우는 데 도움이 된 공신들을 제후왕으로 봉하는 봉건제 겸 군국제를 함께 시행했어. 그러다 점차 황실의 힘이 커지면서 제후왕의 힘은 약화되고 중앙 집권 체제를 갖추게 되었지.

으, 내 책….

기원전
202년
유방,
한나라 건국

항우야,
장 받아라!

한나라의 전성기, 한 무제

기원전 141년에 즉위해 55년간 통치한 한의 7대 황제 한무제는 중국 최대의 영토를 확보하면서 한나라의 전성기를 연 인물이야. 북으로는 흉노를 제압하고 남으로는 안남에 이르렀으며, 한반도의 고조선을 공격해 멸망시킨 후 한군현을 설치하고, 서방과의 교역을 활성화해 실크로드를 개척하는 등 동서남북 가리지 않고 활발한 영토 개척 사업을 벌였어. 또 동중서의 건의로 유교를 국교로 삼고 오경 박사를 두었어.

하지만 대규모 원정과 토목 사업 등으로 나라의 재정이 어려워져 농민들의 세금 부담이 증가하게 되었고, 이것은 사회 불안을 낳게 하였어. 그가 죽자 환관과 외척 등에 의해 정치가 어지러워지고 마침내 외척인 왕망이 반란하여 기원후 8년 황제를 살해하고 신나라를 세웠어. 한나라는 잠시 동안 멸망하고 말았지.

> ### ⚔ 고조선과 중국의 관계
> 고조선이 점차 세력을 키우고 있을 당시, 중국은 춘추 시대와 전국 시대를 거치고 있었다. 특히 고조선에 인접한 중국 연나라는 전국 7웅으로 불릴 정도로 강대한 나라였는데, 고조선은 한때 연나라 침공 계획을 세우는 등 강력한 나라로 성장했다.
> 하지만 연의 세력이 강해지면서 고조선은 요동에서 한반도쪽으로 밀리기 시작했으며, 중국 진나라가 전국 시대의 혼란을 끝내고 중국을 통일하면서 고조선의 힘은 점차 약해졌다.
> 진이 망하고 기원전 202년 한나라가 들어설 즈음에 고조선의 준왕은 위만을 고조선으로 받아들였으나, 위만은 준왕을 몰아내고 왕이 되었다. 이후 고조선은 위만의 손자인 우거왕 때 한나라에 멸망되고 말았다.

실크로드 중앙 아시아에 건설된 동서 무역 교통로로, 중국에서 서방으로 주로 비단을 수출한 데서 비단길(Silk Road)로 이름이 붙여졌다.
실크로드는 예전부터 있었으나, 한무제 때인 기원전 139년 장건을 서역으로 파견하면서 재개통이 되었고 이후 본격적인 무역 거래가 이루어졌다.
중국은 주로 비단을 수출하였고, 서방으로부터 옥 등 보석류와 불교, 이슬람교 등이 들어왔다.

후한 시대

기원후 25년에 한 황실의 종실인 유수가 왕망이 세운 신나라를 멸망시키고 다시 나라를 재건했어. 이를 후한이라고 하는데, 왕망의 신나라 이전의 한나라를 이와 구별해 전한이라고 해.

후한의 초대 황제로 즉위한 광무제 유수는 낙양을 도읍으로 정하고 전한의 정치를 이어갔어. 2대인 효명제 때는 흉노를 정벌하고 반초에게 서역을 정복하도록 했지. 기원후 90년, 효화제 때 반초는 인도의 쿠샨 왕조를 격파하고 서역도호가 됐어.

하지만 점차 환관이 정치를 좌지우지하면서 두 차례에 걸쳐 당고의 화가 일어나고 백성들의 삶은 갈수록 어려워졌어. 그러다 후한 말인 184년 장각이란 자가 황건적의 난을 일으키자 이 난을 진압하는 과정에서 각 지방의 군벌들의 세력이 황실보다 강해지고, 마침내 조조, 유비, 손권으로 대표되는 삼국 시대가 시작됐지.

중국의 사상가들

중국 춘추 전국 시대는 백가쟁명의 시대로 많은 사상이 나타났는데, 그 가운데 유가, 도가, 법가, 묵가 등이 많이 알려져 있지.
유가의 대표적인 사상가는 공자와 맹자, 순자로, 공자는 사람을 사랑하는 어진 마음인 '인(仁)'을 주장했어.

예를 갖추어라, 이것들아!

나는 자연인이대!

도가는 공자와 비슷한 시대를 산 노자와, 그 뒤를 이은 장자가 사상을 펼쳤어. 이들의 앞 이름을 따 '노장 사상'이라고도 하는데, 자연과 더불어 사는 무위자연 사상을 펼쳤어.

법대로 하시오!

법가는 한비가 주장한 사상으로, 힘이 강조되던 전국 시대에 널리 퍼졌지.
중국을 통일한 진시황도 한비의 학문을 높이 평가했어.

꽁초를 버렸으니 벌금 내시오!

묵가의 사상가 묵자는 자신뿐 아니라 남도 같이 사랑하며 모든 사람을 평등하게 대하라는 겸애 사상을 펼쳤어.

너와 나는 평등하단다.

그럼 우리 친구 할까?

나 도.

이밖에 음양설을 신봉하는 음양가, 외교술을 주요한 업으로 삼은 종횡가, 병가, 명가, 농가, 잡가 등 여러 사상들이 있었어.

음, 또 내놓을 만한 사상 없나?

고대 로마 제국은 지중해뿐 아니라 서유럽 전체를 통일한 아주 강력한 제국이었어. 강한 군대와 정치, 행정력으로 통일 제국을 건설해 '모든 길은 로마로 통한다' 라는 말이 나올 만큼 고대 최강의 국가를 건설하였지.

주변 국가들을 정복해 제국을 건설한 만큼 여러 가지 정치 제도로 발전해 왔는데, 크게 왕정부터 시작해, 공화정을 거치다가 아우구스투스라 불리는 옥타비아누스 때부터는 황제가 통치하는 제정이 시작됐어. 그러다가 395년 로마는 동서로 분리됐어. 476년 서로마 제국은 멸망했으나 동로마 비잔틴 제국은 1453년까지 존속했어.

기원전 753년
로마 이야기

건국

기원전 1000년경 이탈리아 반도로 에트루리아 인이 이주해 오면서 에트루리아 문명이 생겨났어. 전설에는 트로이의 장군 아이네아스가 이탈리아의 테베레 강 하류 근처인 라티움에 상륙해 로마를 세웠다고도 하고, 기원전 753년 라틴 족인 로물루스가 자기의 이름을 따서 로마를 건국했다고도 해.

아무튼 이 시기에 세워진 로마는 에트루리아 인들로부터 많은 영향을 받으면서 도시국가로 도약할 수 있었지.

왕정

왕정 시대의 왕은 정치와 군사, 종교 등 모든 면에서 강력

한 권한을 가진 명령권(임페리움,imperium)을 가졌어. 하지만 이 권력은 원로원이나 민회에 의해 제약을 받아, 동양의 절대 군주와 같지는 않았대.

공화정(기원전 509년~27년)

기원전 509년 에트루리아계의 왕인 타르퀴니우스 수페르브스 왕이 추방되고 로마에서 공화정이 시작되었어. 권력은 콘술이라는 1년 임기의 집정관 2명이 갖고 있었지. 콘술은 민회 중 하나인 병원회(켄투리아회)에서 선출하였고, 원로원(세나투스)의 승인을 받았기 때문에 주로 귀족들로 이루어진 원로원의 권력이 강했어.

공화정 초기에는 이렇게 원로원을 중심으로 한 귀족들이 권력을 독점했지. 하지만 기원전 494년 평민들이 이에 대항해 투쟁을 벌인 끝에 권력을 얻어 호민관과 평민회가 만들어졌어.

신성불가침의 신분인 호민관들은 콘술이나 원로원의 결정을 거부할 권한을 가졌어. 또 평민들의 지위 향상을 위해 여러 일들을 했는데, 기원전 451년 로마 최초의 성문법인 〈12동판법〉을 만들어, 그동안 행정관들이 멋대로 적용해 오던 법을 명문화했어.

기원전 445년 카누레이우스 법에 따라 귀족과 평민의 결혼이 허용됐고, 기원전 367년 리키니우스 섹스티우스 법에 따라 2명의 콘술 중 1명은 평민에서 선출됐어.

기원전 287년에는 평민회의 의결이 국법으로 인정되는 호르텐시우스 법이 만들어져 호민관의 권력이 강화되는 등 평민이 정치에 참여할 기회가 많아졌지. 하지만 아직도 권력의 많은 부분은 원로원을 중심으로 하는 소수 귀족 계급인 노빌리타스에 의해 움직였어.

12동판법 12표법이라고도 하며 로마에서 가장 오래된 성문법이다. 귀족과 평민의 투쟁의 결과, 기원전 451년에 만들어졌으며 새로운 법이라기보다 당시 관습이나 불문법 형태로 된 것을 정리한 것이다. 부동산, 채권 채무 관계 등이 기록되었으며, 주로 귀족 중심으로 만들어져서 또 다시 귀족과 평민 간 대립의 빌미가 되기도 했다.

5

이탈리아의 통일

안으로 정치와 법률 제도가 차차 자리를 잡아 가는 동안, 이탈리아 반도에서 통일의 기운이 무르익고 있었지. 로마는 3차에 걸친 삼니움 전쟁에서 이탈리아 중부 지역을 정복했어. 이어 기원전 272년 그리스인들이 살고 있던 타렌툼을 점령해 남이탈리아 정복에 성공했고, 마침내 기원전 266년 이탈리아 전체을 통일했어.

포에니 전쟁과 영토 확장

이탈리아를 통일한 로마는 지중해의 패권을 놓고 기원전 264년부터 146년까지 100년 넘게 3차에 걸쳐 카르타고와 포에니 전쟁을 벌였어. '포에니'란 로마인들이 카르타고 사람들을 부르던 말이었어.

1차 전쟁은 지중해를 장악하기 위한 전초기지인 시칠리아를 얻기 위해 싸웠는데, 로마가 승리하면서 시칠리아는 로마의 영토가 되었지. 2차는 서지중해 패권을 두고 기원전 218년에 시작됐어. 카르타고의 명장 한니발은 단숨에 알프스를 넘어 이탈리아로 진격해 로마군을 대패시켰지.

하지만 로마군의 스키피오는 오히려 카르타고의 영토인 북아프리카의 자마로 진격하여 카르타고군을 물리치면서 전세를

우이씨,
무서운
한니발
장군이다!

역전시켰고, 결국 로마의 승리로 2차전도 끝났어.

이 전투로 로마는 서지중해의 패권을 차지하게 되었고, 카르타고는 스페인 등 해외의 영토를 거의 빼앗기고 말았어.

기원전 146년 3차 전쟁 때 마침내 로마는 카르타고를 멸망시켜 로마의 아프리카 속주로 만들었으며, 마침내 자신들이 '마레 노스트룸(우리의 바다)'라고 부르는 지중해를 완전히 장악하여 세계 제국으로 향하는 길을 열었지.

또한 기원전 148년에는 4차에 걸친 마케도니아 전쟁을 통해 마케도니아를 속주로 만들었고, 페르가몬을 병합해 소아시아 속주로 만드는 등 북아프리카와 아시아에 이르기까지 로마의 영토 확장은 끝이 없을 정도였어.

한니발(기원전 247~183년) 카르타고의 장군으로 제2차 포에니 전쟁에서 카르타고군을 이끌고 피레네 산맥과 알프스를 넘어 로마로 진군해 로마군을 격파하였다. 당시 세계 최강으로 여겨졌던 로마군도 한니발의 이름만 들어도 벌벌 떨 정도였다고 한다.
하지만 로마의 스키피오가 본국을 역습, 한니발은 카르타고로 돌아갈 수밖에 없었고, 자마 전투에서 스키피오에게 지는 바람에 카르타고는 로마에 패하고 말았다.

카르타고 기원전 814년 고대 페니키아인들이 튀니스 만에 접하고 있는 북아프리카에 건설한 도시국가.
로마인들은 카르타고인들을 '포에니(페니키아인)'라고 불렀는데, 이들은 서지중해를 중심으로 무역을 통해 부를 쌓았고, 로마와 격돌하기 전까지 이 지역 강자로 군림하였다. 하지만 3차에 걸친 포에니 전쟁으로 기원전 146년에 멸망하여 로마의 아프리카 속주가 되고 말았다.

로마

지중해

카르타고

그라쿠스 형제의 개혁

공화정 후기에 들어서면서 로마는 오랫동안 전쟁으로 농토가 황폐해지고, 많은 농민들은 땅을 버리고 유랑 생활을 하게 돼. 또한 라티푼디움(대농장)으로 중소 자영농이 몰락하고, 속주로부터 값싼 농산물이 들어오면서 농업 생산에 어려움을 겪게 되었지. 그러자 호민관 티베리우스 그라쿠스와 가이우스 그라쿠스 형제는 개혁을 통해, 개인은 일정한 규모의 농지만을 가질 수 있고 나머지는 국유화해서 농민들에게 나눠 주도록 했지.

하지만 이러한 개혁은 토지를 가진 자와 토지 분배에서 제외된 사람들의 반대에 부딪쳐 그라쿠스 형제는 피살되고 개혁은 실패하고 말았어.

> **라티푼디움** 넓은 토지란 말로, 실제로는 고대 로마에서 전쟁을 통해 생긴 토지와 노예를 실력자가 이용해 대규모로 농작물을 재배하는 대농장을 뜻한다.

카이사르의 암살과 공화정 마감

이렇게 이상적인 공화정 체제는 피로 얼룩져 가고 있었고, 내부의 갈등이 커지게 되

면서 노예검투사인 스파르타쿠스가 반란을 일으켜 공화정의 몰락을 가속화시켰어.

이 즈음에 등장한 카이사르는 스스로 종신 독재관에 올라 자신에게 권력을 집중, 공화정의 종말을 예고하고 있었지. 기원전 44년 그는 원로원의 사주를 받은 브루투스에게 암살되었지만, 17년 후 그의 양자인 옥타비아누스가 로마 최초의 제국 황제인 아우구스투스 황제에 올라 마침내 공화정은 무너지고 제정 로마 시대가 열렸어.

로마 제정(기원전 27년~기원후 476년)

기원전 31년 악티움 해전에서 안토니우스를 격파한 다음, 이듬해 클레오파트라의 이집트를 점령하고 로마로 돌아온 옥타비아누스는, 기원전 27년 원로원으로부터 아우구스투스(Augustus, 존엄한 사람)란 칭호를 받고 초대 황제가 되었어.

로마의 제1시민인 '프린켑스'라고 불리는 그는 군대 통수권과 민회 및 원로원 소집 권한, 그리고 민, 형사 소송의 지휘권을 갖는 '임페리움'이 되어 그야말로 명실상부한 최대의 권력자가 되었지. 임페리움은 황제의 권력이자, 곧 로마가 다스리는 전 지역을 뜻하는 '제국'이기도 했어. 또한 시민을 보호하는 호민관의 권한과 최고 제사장을 뜻하는 '폰티펙스 막시무스'가 되었지. 그리고 1년의 8번째 달이 그의 이름, 즉 어거스트로 불렸어.

그는 지금의 터키 지역과 게르마니아 지역을 제외한 스페인과 서유럽의 대부분을 점령했지. 비록 황제였지만 그는 공화정 체제를 유지하면서 원로원과 우호적으로 지냈기 때문에, 기원후 14년에 죽을 때까지 그는 황제 자리를 지켜나갈 수 있었어.

오현제와 군인 황제 시대

기원후 96년 로마의 9대 황제인 네르바부터 시작해 마르쿠스 아우렐리우스 황제 때까지를 오현제의 시대라고 해. 로마는 이 시기에 영토가 확장되고, 정치가 안정되면서 전성기를 맞았어.

내 코가 1cm만 낮았어도 세계역사는 바뀌었어.

그러다 235년 세베루스 알렉산드르가 죽고 막시미누스 트라쿠스가 즉위하면서 군인 황제 시대가 열리게 돼. 이 시기에 로마는 게르만 등 외적의 침입과 내치의 혼란으로 284년 디오클레티아누스 황제가 즉위할 때까지 26명의 황제가 바뀌는 혼란을 겪었어. 디오클레티아누스 황제는 도미나투스, 다시 말해 오리엔트식 전제 군주 정치로 혼란을 돌파하고 제국을 넷으로 나누어 2명의 황제와 2명의 부황제가 이를 통치하게 하여 군인들의 왕위 찬탈을 어렵게 했어.

콘스탄티누스 대제

312년에 서로마 황제가 된 콘스탄티누스 대제는 313년 밀라노 칙령으로 기독교를 공인했으며, 324년에는 로마 제국 전체의 황제에 올랐어.

330년에는 콘스탄티노플을 재건하여 로마 제국의 수도로 삼았는데, 콘스탄티노플은 로마가 동서로 분열된 후에는 동로마 비잔틴 제국의 수도가 되었지.

로마의 문화

로마는 건축과 법률 등 실용적인 문화가 발달했어. 콜로세움과 콘스탄티누스 개선문, 수도교, 아피아 가도 등 여러 건축물들과 12동판법 등 법률 등은 오늘날 로마의 문화적인 유산이야.

또한 기독교를 받아들여 유럽 기독교 문화의 토대를 마련했어.

제2차 삼두 정치 기원전 43년 로마 공화정 말기에 옥타비아누스, 안토니우스, 레피두스 3명이 맺은 정치적, 군사적 협약. 카이사르, 폼페이우스, 크라수스 간에 맺은 1차 삼두 정치가 비밀리에 결성된 것에 비해 2차 삼두 정치는 공식적으로 결성되었다.

기원전 44년 카이사르가 암살 당한 뒤, 그의 실질적인 후계자인 안토니우스가 정권을 잡았다. 그런 뒤 카이사르 유언장에 언급된 법적 후계자면서 카이사르의 양자인 옥타비아누스와 카이사르의 부관인 온건파 레피두스를 끌어 들여 '국가건설 3인위원'으로 삼두 정치를 시작했다.

이들은 반대파를 숙청하고 재산을 몰수하였으며, 기원전 42년 카이사르를 암살한 브루투스와 카시우스를 필리피 전투에서 이기면서 로마 정국을 자신들의 손에 넣었다.

하지만 기원전 36년 레피두스가 정권에서 배제되고, 안토니우스는 이집트 원정과 클레오파트라와의 사랑으로 원로원의 신임을 잃고 옥타비아누스와 대립, 마침내 삼두 정치는 깨지고 옥타비아누스가 악티움 해전에서 안토니우스 군을 격파하여 후에 로마 초대 황제에 오르게 된다.

그라쿠스 형제의 개혁 호민관인 티베리우스 그라쿠스와 가이우스 그라쿠스 형제는 대토지 소유의 확대를 억제하고 소규모 토지 소유자의 몰락을 막기 위해 토지 소유를 재분배하고 자작농을 활성화하려 하였다. 하지만 그라쿠스 형제는 원로원의 반발에 부딪혀 실패하고 결국 목숨을 잃고 말았다.

이러한 그라쿠스 형제의 개혁 실패는 당시 로마 공화정 말기의 귀족과 평민의 갈등의 골을 깊게 만들면서 로마 제정으로 넘어가는 촉매 역할을 하였다.

클레오파트라 7세(재위 기원전 51년~30년) 흔히 클레오파트라 여왕이라 불리는 클레오파트라 7세는 이집트의 프톨레마이오스 왕조의 마지막 왕으로, 로마의 카이사르와 안토니우스의 권력을 적절히 이용해 이집트의 평화를 꾀하였다.

하지만 이집트와 안토니우스의 연합군이 악티움 전투에서 로마의 옥타비아누스에게 패하면서 그녀는 스스로 독사에게 물려 죽게 되고, 이집트는 로마의 속주가 되고 말았다.

율리우스 카이사르

고대 로마의 장군이자 정치가인 율리우스 카이사르. 기원전 60년, 히스파니아 총독직을 성공적으로 수행하고 로마로 돌아온 카이사르는 폼페이우스, 크라수스와 함께 1차 삼두 동맹을 맺고, 이듬해 콘술에 올랐어.

그런데, 카이사르가 갈리아 총독으로 부임하며 이 지역을 정벌하는 동안, 로마에 남은 폼페이우스는 원로원과 손잡고 카이사르를 배반했어.

카이사르는 로마와 전쟁에 돌입, 로마를 앞에 두고 이렇게 외쳤어.
"주사위는 던져졌다. 진격하라! 루비콘 강을 건너 신들의 땅으로!"
카이사르가 로마로 들어오자 폼페이우스는 도망치다 이집트에서 패하고 말았어.

이제 명실상부한 1인자가 된 카이사르는 통화를 개혁해 원로원을 약화시키고, 시민권을 확대했어. 복지 정책과 사법 개혁 등 여러 개혁을 통해 로마 시민들에게 환호를 받았지.
또 폼페이우스와 전쟁에서, 자신을 도운 이집트의 여왕 클레오파트라 7세와 사랑에 빠지기도 했어.

이제 카이사르는 종신 독재관에 올랐어.
하지만 카이사르에게 몰린 권력을 시기하는 세력이 있었으니,

클레오파트라여! 나의 로마를 그대에게!

정말?

시저만세 환영 시저만세

원로원 의원들은 카이사르의 힘이 점차 강해지자 불안해 했어.
마침내 이들은 카이사르를 암살하기로 하고, 카이사르의 측근인 브루투스와 몇몇 암살자들을 끌어들였어.

암살자들은 원로원에서 카이사르를 암살했어.
카이사르는 암살자 중에 친한 브루투스가 있었다는 데에 충격을 받았어.
카이사르가 죽으면서 로마 공화정은 서서히 몰락해 가고, 카이사르의 양자인 아우구스투스의 제정 시대가 열렸어.

카이사르, 이제 그만 좀 하고 물러나지!

이 늙은 독재자, 죽어 버려!

부르투스, 너 마저!

기원전 469년 소크라테스의 탄생

기원전 6세기경 그리스의 철학은 황금기를 맞았어. 특히 소크라테스를 중심으로 그 이전의 탈레스, 피타고라스와 이후의 플라톤, 아리스토텔레스 등은 서양 철학에서 뺄 수 없는 인물들이지. 서양 철학은 눈에 보이는 자연이나 사물 속에서 눈에 보이지 않는 진리를 찾는 것부터 시작하였어. 이러한 자연과 사물 속의 원리나 근본적인 것을 아르케라고 하는데, 탈레스는 이를 '물'이라 보았고, 또 피타고라스는 '수(數)'라고 보았지. 이들 중에 탈레스, 아낙시만드로스 등 이오니아를 중심으로 활동한 철학자들을 이오니아 학파라고 불렀어.

페르시아 전쟁 이후 그리스에서 민주제가 시작되고 아테네를 중심으로 여러 철학자들이 등장하는데, 대표적인 인물이 바로 소크라테스야. 소크라테스는 당시 유행하던 소피스트들의 '진리의 상대주의'에 대항해 절대적이고

> **차축 시대** 기원전 800년에서 200년 사이에 인류의 정신 문화와 사상에 큰 영향을 끼친 인물들이 태어난 시기를 말한다. 독일의 철학자 야스퍼스가 사용한 말로 이 시기에 서양에서는 탈레스, 소크라테스, 플라톤, 아리스토텔레스가 태어났으며, 동양에서는 석가, 공자, 노자, 맹자, 장자 등이 태어나 사상의 황금기를 이루었다.

> **탈레스(기원전 624~546년)** 만물의 근원을 물이라 주장하며 만물의 근원에 대한 연구를 한 그리스 최초의 철학자.
> 그리스 7현인 가운데 한 명으로, 만물은 변화하지만 변화하지 않는 근원이 있음을 제기했다. 그는 또 기하학의 선구자로 기하학을 이용해 피라미드의 높이를 재었으며, 육지에서 바다에 떠 있는 배까지의 거리를 알아 냈다고 한다.

똑바로 봐!

피라미드

높이는?

기하학

기원전 469년
▶▶▶
기원전 384년

기원전 469년
소크라테스의 탄생
(~399년)

기원전 451년
로마 최초의 성문법인
〈12동판법〉 제정

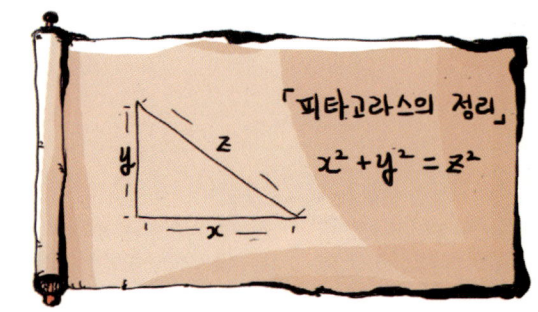

수학은 기초가 중요해.

「피타고라스의 정리」

$x^2 + y^2 = z^2$

너도 여기 다니냐?

아카데메이아

아리스토텔레스도 여기 나왔대.

난 철학 싫은데

객관적이며 보편적인 진리를 추구하게 위해 노력했어. 그는 진리를 추구하는 방법으로 문답법을 썼으며, 자신이 궁극적으로 모른다는 것을 깨닫고 그것을 질문하는 것이 철학임을 주장했지. 그의 주장은 후에 플라톤과 아리스토텔레스로 이어졌어.

피타고라스(기원전 582~497년) 그리스의 철학자이자 수학자로, 그는 만물의 근원을 수라고 하였으며, 수학에 관한 여러 연구 업적을 남겼다.
자연수와 소수, 완전수 등과 '임의 삼각형의 내각의 합은 두 직각의 합(180도)과 같다' 라는 것을 증명하는 등 여러 수학 원리를 발견하였다.

플라톤(기원전 428~347년) 소크라테스의 철학적 길을 이은 그리스의 철학자. 그는 세계를 현상 세계와 이데아(관념) 세계로 이원론적으로 구분해, 현상 세계는 가변적이고 일시적인 것이기 때문에 영구불변의 완전한 세계인 이데아 세계를 추구해야 한다고 하여 현실보다는 이상을 중시하였다.

소피스트 기원전 4~5세기에 그리스에서 활약하던 지식인들을 말하며, 프로타고라스, 고르기아스, 히피아스 등이 유명하다. '인간은 만물의 척도' 라고 주장한 프로타고라스는 진리의 절대성을 부인하고 진리란 각자 인간의 감각에서 찾을 수 있다고 하여 진리의 상대성을 주장하였다.

아리스토텔레스(기원전 384~322년) 스승인 플라톤이 관념적인 이데아 세계를 추구한 반면, 아리스토텔레스는 현실 세계에서 자연물을 지배하는 원리를 탐구했다. 알렉산드로스 대왕의 스승이었으며, 아테네에서 제자들을 가르쳤다.

만물은 사실 존재하지 않는다.

뭐라 는거?

기원전 431년
아테네와 스파르타 동맹군 사이에 펠로폰네소스 전쟁이 일어나다

기원전 428년
플라톤 탄생(~347년)

기원전 403년
중국 전국 시대

기원전 384년
아리스토텔레스 탄생(~322년)

기원전 5세기

한반도에 철기 보급

철기는 기원전 5세기경 중국을 통해 우리 나라에 들어오기 시작했어. 유목 민족인 스키타이족의 철기 문화가 동아시아로 퍼지면서 중국을 통해 우리 나라를 거쳐 일본으로 철기 문화가 전해졌어. 초기 철기 시대에는 주로 농기구 등을 철기로 만들었다가, 고조선 후기에 오면서 무기도 철기로 만들기 시작했지. 삼국이 세워지는 기원전 1세기경부터 본격적으로 철기를 사용했어.

철기를 사용하면서 농산물들이 대량으로 생산되고 인구가 늘어났어. 그러자 부족들 사이에 이익을 둘러싸고 다툼과 전쟁이 일어나고, 서로 이익이 맞은 부족들끼리는 연합하면서 점차 고대 국가로 발전해 나갔지.

무늬가 없어도 멋지구만.

이게 독 무덤이라는 거구만!

널무덤과 독무덤 널무덤은 초기 철기 시대 때부터 삼국 시대 초까지 유행한 무덤 방식으로 땅을 파고 나무널을 넣는 형식이다. 서북 지방부터 남부 지방까지 발견되며, 낙동강 유역에서 많이 발견되었다.
독무덤은 항아리 2개를 붙여 관으로 쓴 무덤 방식으로, 어린이 주검을 매장할 때 많이 쓰였다. 한반도 전역에서 많이 발견되고 있다.

민무늬토기 우리 나라의 청동기와 철기 시대 초기에 발견되는 토기로, 대부분 토기에 무늬가 없어 붙여진 이름이다.
빗살무늬토기는 대체로 밑이 뾰족한데 비해 민무늬토기는 대체로 밑이 평평하고 목이 있으며, 손잡이가 달린 경우도 눈에 띈다. 모양도 표주박, 단지 모양 등 다양하고, 토기 겉면도 붉은빛, 검은빛 등 여러 빛깔을 띠고 있다.
청동기 시대에는 평북 지방의 미송리 동굴 민무늬토기 문화층의 전형인 미송리식 토기가 대표적이며 초기 철기 시대에는 검은간토기, 덧띠토기 등이 유행하였다.

널무덤

기원전 5세기
▶▶▶
기원전 202년

한반도에 철기 보급
기원전 5세기경

기원전 331년
알렉산드로스,
페르시아 정벌

《공무도하가》가
만들어지다
기원전 300년

지중해의 조그만 나라, 마케도니아의 알렉산드로스는 기원전 336년 20세에 왕위에 오른 후 기원전 331년 페르시아 정복을 시작으로 이집트, 메소포타미아, 바빌로니아를 정복해 나갔어. 알렉산드로스는 이어 이란 고원과 인도 인더스강까지 정복의 손길을 뻗쳤으나, 기원전 323년 아라비아 원정을 계획하다 33세의 젊은 나이로 갑자기 죽고 말았어.

그는 세계 제국을 건설하기 위해 가는 곳마다 그리스 사상을 전파하고, 한 종류의 돈만을 사용했으며, 그리스 문화와 오리엔트 문화를 합쳐 헬레니즘 문화를 열었던 인물로 평가받고 있지.

알렉산드로스가 죽자 그의 제국은 안티고노소 왕조의 마케도니아, 셀레우코스 왕조의 시리아, 프톨레마이오스 왕조의 이집트로 분열되었다가 후에 로마에 병합되고 말았어.

기원전 331년
알렉산드로스 대왕

나, 알렉산드로스의 소원은 통일이다.

헬레니즘 헬레니즘이란 고대 오리엔트 문화와 그리스 문화가 서로 영향을 주고 받으며 새롭게 태어난 문화를 말한다. 알렉산드로스가 죽은 후 그가 정복한 대부분의 지역이 헬레니즘 문화권에 들어가며, 기원전 30년 로마가 이들 지역을 병합할 때까지 약 300년간 이어졌다.
특징으로는 공통어로 그리스어가 쓰였고, 인류를 하나의 세계 시민으로 생각하는 세계시민주의를 지향했다. 이 시기의 철학은 자신의 감정을 억제하고 무관심과 평상심을 추구하는 제논의 스토아 학파와 감각적인 쾌락보다 간소한 생활에서 영혼의 평화를 추구하는 에피쿠로스 학파가 대표적이다.

이오니아 건축 양식 도리스 양식이 웅장한 아름다움이라면 이오니아 양식은 섬세하고 세밀한 아름다움을 지닌 건축 양식이다.
주춧돌이 없는 도리스 양식과 달리 이오니아 양식은 주춧돌 위에 가는 기둥을 얹고 대들보를 아름답게 장식한 것이 특징이다.

도리스식 건축 양식 고대 그리스의 건축 양식으로 간소하고 웅장한 것이 특징. 파르테논 신전의 기둥이 대표적인 도리스 양식으로 이오니아 양식과 코린트 양식 등 세 건축 양식 중에 가장 오래되었다.

241년까지 24년간 계속됐으며, 로마의 승리로 시칠리아 섬을 얻다

카르타고의 한니발 장군이 로마로 진격했지만 결국 패해 로마가 서지중해 패권을 차지

기원전 317년
인도의 마우리아 왕조 시작

기원전 287년
로마, 호르텐시우스법 제정

기원전 264년
로마, 카르타고와 1차 포에니 전쟁

기원전 221년
진시황, 중국 통일

기원전 218년
로마, 카르타고와 2차 포에니 전쟁

기원전 213년
진시황제, 분서갱유 단행

고 조선, 슬기한데.

위만은 중국 연나라 왕의 부장으로 있다가 고조선의 준왕을 몰아 내고 왕위에 오른 인물이야. 위만은 처음에 고조선의 국경 근처에서 1000여 명의 무리를 이끌고 살고 있다가, 차츰 조선, 연나라, 제나라의 망명자들을 모아 고조선의 왕이 되었지.

위만은 왕검성을 수도로 정하고, 나라의 이름도 그대로 조선으로 해 나라의 정통성을 이어 갔어. 위만은 철기 무기로 무장한 군대를 이끌고 주변 지역을 제압해 고조선의 영토를 크게 확장했어.

위만의 손자 우거왕 때 고조선은 남쪽의 진국과 한나라와의 중계 무역을 통해 많은 이익을 남겼어.

그러자 한나라의 황제인 무제는 고조선이 점차 영토를 넓히며 강해지는 것에 대한 불안을 느꼈으며, 더욱이 고조선과 흉노가 손을 잡아 한나라를 위협할까 두려워 기원전 109년 우거왕 때 육군과 수군을 파견해 고조선을 치게 했어. 처음엔 고조선이 승리를 했으나 전쟁이 계속되면서 고조선 내부의 불화로, 기원전 108년 왕검성이 함락되고 결국 고조선은 멸망하고 말았어.

공무도하가 기원전 300년경 고조선 때 곽리자고가 물가에서 백수광부의 아내가 남편이 먼저 죽은 것을 슬퍼하여 따라 죽은 것을 보고 아내인 여옥에게 이야기하였더니 아내인 여옥이 슬퍼하면서 지었다는 노래로, 원래의 노래는 전하지 않고 한문으로 된 4구의 노래만이 전해진다.

공무도하(公無渡河, 님아, 건너지 마소)
공경도하(公境渡河, 님아, 물을 건너다가)
타하이사(墮河而死, 물에 빠져 죽으시니)
공장내하(公將奈河, 님아, 장차 이 일을 어이할고!)

기원전 **194**년
위만 왕조와
고조선의
멸망

협서율이란 서적을 몰래 소지하는 것을 금지하는 법으로, 진나라에서는 이를 어길 시 일족 모두 사형이었다고 한다.

기원전 202년
▶▶▶
기원전 133년

기원전 202년
중국의 유방, 항우를 물리치고 한나라 건국

위만, 고조선의 준왕을 몰아내고 위만 왕조를 세우다
기원전 194년

기원전 191년
한나라, 협서율 폐지

진시황이 중국 천하를 통일한 지 12년 후 진 승과 오광의 난으로 진나라는 혼란에 빠지게 돼. 이 때 혜성같이 등장한 유방과 항우는 군사 를 이끌고 천하 제패의 꿈을 키웠어.

항우와 유방은 진의 수도인 셴양(咸陽)을 함락 시키기 위해 경쟁하듯 진군했어. 그리고 마침내 유방이 한발 앞서 진의 3대 왕인 자영으로부터 항 복을 약속 받았어. 유방은 살인한 자, 상해한 자, 도둑 질한 자는 처벌 받는다는 약법삼장을 제외한 진나라의 모 든 법률을 없앤 후 물러났어.

그러자 항우는 유방이 자신보다 앞선 것에 분노했어. 항우는 유방을 죽이려 고 했지만 홍문의 회(會)로 둘은 화해를 했어. 하지만 한 시대에 영웅은 둘이 될 수 없는 법. 마침내 항우와 유방은 중국 천하를 두고 해하에서 결전을 벌였고, 이 전투에서 승 리한 유방은 한나라를 세우고 황제인 한 고조로 등극했어.

기원전 202년
항우와 유방, 해하의 결전

항우(기원전 232~202년) 중국 천하 를 두고 한의 고조 유방과 겨루었던 인물. 기원전 209년 진승, 오광의 난 때 난을 일으켜 곳 곳에서 진나라 군대를 무찌르고, 팽성에 도읍을 정하고 서초 패왕이라 불렸다. 해하 에서 유방 군대에 패해 자결했다.

약법삼장 법삼장이라고도 한다. 한고조 유방이 진나라 셴양에 입성한 후 지역 유지 들과 '살인한 자는 사형에 처하고, 남을 상해한 자 와 도둑질한 자는 처벌 받는다'는 조항 외에 진나 라의 모든 법률을 폐지하겠다고 약속했다는 데서 약법삼장이라고 한다.

한 하늘 아래 태양이 둘일순 없다. 항우는 항복하라!

사방에 유방의 군사들 이구나. 이런걸 두고 사면초가라고 하는구나!

기원전 146년
로마, 지중해 장악

기원전 138년
한무제 때 장건이 비단길 개척

기원전 136년
한나라, 동중서의 건의로 유교를 국교로 하고 오경박사를 두다

기원전 133년
로마, 그라쿠스 형제의 개혁

홍문의 회

진나라 말, 중국 통일의 꿈을 안고 초패왕 항우와 유방이 서로 경쟁을 벌였어. 둘은 앞서거니 뒤서거니 하며 군대를 이끌었는데, 초기에는 항우의 군사력이 유방의 군사력보다 강했어.

그러던 중 항우가 한구관을 지나는 사이 유방이 먼저 셴양에 입성했어. 항우는 화가 머리끝까지 났어. 셴양은 진나라 수도였거든.

혼자만 먹냐?

한군현

앗

기원전 108년
한군현 설치

고조선을 멸망시킨 한의 무제는 옛고조선 영토에 4개 군을 설치했어. 낙랑, 임둔, 진번, 현도 군으로 이들을 통해 한나라는 한반도를 통치하려고 했어. 임둔은 함경남도와 강원도 일부, 진번은 자비령 이남에서 한강 유역, 현도는 압록강 중류 지역, 낙랑은 대동강 유역에 있었던 것 같아.

하지만 4개의 한군현 가운데 기원전 82년 고구려족에 의해 임둔, 진번군이 쫓겨나게 돼. 그러자 진번은 낙랑에, 임둔은 현도에 속했다가, 기원전 75년엔 현도군마저 요동으로 쫓겨가고 임둔 지역이 다시 낙랑에 포함되면서 실제로 낙랑만이 남아 한나라의 식민 정책을 수행했어. 하지만 낙랑은 313년 고구려의 미천왕에 의해 멸망당하면서 400년 넘게 계속된 한군현은 사라지게 되었지.

낙랑군 중국의 역사책인 〈한서〉에는 낙랑군이 25개 현에 인구는 40만 명이 넘는 커다란 지역이라고 되어 있다. 하지만 중국 대륙의 사정에 따라 낙랑군 역시 영향을 받았는데, 후한 말에는 공손씨라는 세력에 들어갔다가 대방군과 나뉘게 되고, 공손씨가 조조의 위나라에 멸망되고, 위가 다시 서진에 멸망되면서 위와 서진의 영향 아래에 있게 되었다.
그러면서 점차 땅과 인구가 줄게 되고, 서진이 흉노에게 침략 당하는 등 중국 대륙의 혼란을 틈타 고구려의 미천왕이 낙랑을 공략하자 마침내 313년 멸망되고 말았다.

기원전 108년
▶▶▶
기원전 58년

한무제 때 고조선 멸망,
한4군 설치
🟢 기원전 108년

🟢 기원전 91년
사마천, 〈사기〉
편찬

고구려족, 임둔,
진번군을 몰아내다
🟢 기원전 82년

〈사기〉는 전한 시대의 사마천이 지은 역사서야. 기원전 109년부터 91년 사이에 기술, 편찬했으며, 옛신화의 황제 등 오제부터 하, 상, 주 시대 및 한나라의 무제까지의 왕의 연대기(본기)와 연표(표), 당시의 제도와 문화, 사상, 지리(서), 제후들의 이야기(세가), 당시의 중요 인물의 전기(열전) 등으로 구성되어 있어.

이렇게 역사의 내용을 본기와 표, 서, 세가, 열전으로 나누어 기술하는 방식을 기전체라고 하는데 많은 역사서가 이 기전체로 되어 있지. 〈삼국사기〉는 이런 기전체 양식의 역사서로 우리 나라에서 가장 오래되었어.

〈사기〉를 쓴 사마천은 한무제 때 태사령의 벼슬을 하고 있었는데, 황제의 노여움을 사서 궁형(생식기를 자르는 형벌)을 당했으나, 감옥에서도 역사서를 쓰는 일에 몰두했다고 해. 〈사기〉는 본기 12권, 연표 10권, 서 8권, 세가 30권, 열전 70권 등 총 130권으로 되어 있어.

기원전 91년
〈사기〉 편찬

궁형을 당했으니 조용히 역사책이나 쓰자.

〈한서〉 후한 초의 역사가 반고가 쓴 역사서. 한의 고조 유방 때부터 전한 말 왕망의 난까지 기술한, 한 왕조만을 다룬 단대사로, 사기에 이은 중국의 두 번째 역사서다.
아버지 반표가 시작한 것을 반고가 이어 받아 저술했으며, 미처 완성하지 못한 8편의 표와 천문지는 여동생인 반소가 완성했다. 〈사기〉와 마찬가지로 기전체로 되어 있으며, 12대 230년의 기록으로, 12제기, 8표, 10지, 70열전 등 총 100권으로 되어 있다.

편년체 역사서를 편찬하는 방법의 하나로 연(年)과 월(月)에 따라 순차적으로 기술하는 것을 말하는데, 중국의 〈춘추〉와 〈자치통감〉이 대표적인 책이다.

〈삼국지〉 3세기말 서진의 진수가 지은 중국 역사서. 위나라의 관점에서 역사를 기술하였다.
〈위서〉 30권, 〈촉서〉 15권, 〈오서〉 20권 등 총 65권으로 되어 있는데, 특히 〈위서〉의 동이전에는 부여, 고구려, 마한, 진한, 변한 등 우리 나라와 일본의 고대 역사가 기록되어 있는 자료로 동양 고대사 연구의 귀중한 자료로 평가 받고 있다.

기사본말체 기전체와 편년체가 인물과 분야별, 혹은 연도별로 기술함으로써 같은 사건에 대한 기록들이 분산, 중복되는 것을 방지하기 위해 같은 사건을 한데 묶어 원인과 전개, 결과 등을 함께 기록하는 방법. 이긍익의 〈연려실기술〉이 이와 유사한 방법으로 편찬한 책이다.

스파르타쿠스가 동료 검투사 70여 명과 함께 검노 양성소를 탈출해 반란을 시도했다가 모두 십자가 처형되다.

기원전 73년
로마, 검투사 스파르타쿠스의 난

박혁거세 태어나다
기원전 69년

기원전 60년
로마 카이사르, 폼페이우스, 크라수스의 3두 정치 시작

부여에서 주몽이 태어나다
기원전 58년

부여

기원전 약 3세기 때부터 만주의 쑹화강(松花江) 지역을 중심으로 창춘, 지린, 룽장 등을 지배한 연맹 왕국이야. 고조선과 비슷한 시기에 있었으며, 땅이 넓고 농업을 하면서 생활했어.

왕이 있었으며, 왕 밑에 가축의 이름을 따 마가, 우가, 저가, 구가 등의 수장들이 있었지. 전국을 사출도라고 하는 지역으로 나누어 각각 하나씩 맡아 다스렸는데, 일반 생산에 종사하는 사람들인 하호는 노예와 같이 힘든 생활을 했다고 해.

기원전 **3**세기

한반도, 만주 지역의 나라들

추수가 끝나는 12월에 '영고'라는 제천 의식을 열었는데, 신에게 제사하고 춤추고, 음주를 즐겼으며, 죄가 가벼운 죄수를 풀어 주었어.

또한 부여에는 엄격한 법률이 있었는데, 살인자는 사형에 처하고, 도둑질하면 12배로 갚아야 하며, 간음한 자와 여자가 투기하면 사형에 처했다고 해.

이 밖에 순장 제도가 있어서, 임금이나 지배 계급이 죽으면 살아 있을 때 쓰던 물건과 노비들을 함께 묻었어. 그리고 점술이 유행해 전쟁이 일어나거나 큰 일이 벌어질 때 소를 죽여서 발굽이 갈라지면 나쁜 징조라 여겼고, 붙어 있으면 좋은 징조라 여겼다고 해.

 해모수와 해부루, 금와와 주몽 해모수는 북부여를 세운 인물. 〈삼국유사〉에는 용 다섯 마리가 모는 수레를 타고 내려와 나라를 세웠다고 전해진다.

아들인 해부루는 후에 동부여를 세웠는데, 해부루가 아들이 없자 산천에 기도하며 제사를 지내던 중 금빛 개구리 모양의 아이를 발견하곤 이름을 금와라고 하고 자신의 대를 잇게 했다고 한다.

해부루에 이어 왕이 된 금와는 태백산 남쪽 우발수에서 하백의 딸 유화를 만났는데, 유화는 해모수의 아들을 임신하고 있었다고 한다. 금와는 유화를 방 안에 가두었는데, 햇빛이 유화를 따라다니며 비추었고, 마침내 출산을 했는데 알이 나왔다고 한다. 금와가 알을 던져 버렸으나 짐승들이 알을 보호했고, 깨뜨리려고 했으나 깨지지 않아 하는 수 없이 유화에게 알을 돌려주었다. 그 알을 깨고 아이가 나왔는데, 바로 고구려의 시조인 주몽이다.

윷놀이 우리 나라 고유의 민속놀이인 윷놀이는 부여의 통치 조직을 본떠 만들었다고 한다.

도는 돼지, 개는 개, 걸은 양, 윷은 소, 모는 말을 상징한다고 하는데, 부여의 통치 조직인 마가는 말, 우가는 소, 저가는 돼지, 구가는 개를 뜻한다.

삼한

고조선 때부터 한반도 남쪽에 있었던 부족 연맹체로 청동기를 주로 사용했어. 이들 중 세력이 강한 부족 중심으로 주변 세력을 합해 소국을 세웠는데, 이들 세 연맹체로 세워진 나라인 마한, 진한, 변한을 가리켜 삼한이라 했어. 마한은 54개 소국, 진한과 변한은 각각 12개 소국으로 이루어졌는데, 삼한에 살았던 호수는 총 10만여 호 정도였대.

제사와 정치가 분리된 사회로, 신지, 읍차 등 군장들이 부족을 다스렸어.
소도라는 특별 지역은 제사장이 관할했는데, 이 곳에는 법률이 미치지 않아 범죄자가 이 곳으로 도망치면 잡을 수 없었다고 해.
평야 지대가 많아 벼농사가 발달했는데, 김제의 벽골제와 제천 의림지, 밀양 수산제, 상주 공검지 등이 이 때 만들어진 저수지야. 또 변한은 철이 풍부해 화폐로 사용하고 대방과 낙랑, 일본에 수출도 했어.
5월 단오와 10월 상달에는 하늘에 제사를 지내며 한 해 농사에 대한 기원과 감사를 올리고, 주민들이 모여 먹고 즐겼다고 해.

동예

기원전부터 지금의 강원도 지방에 있었던 종족으로, 언어와 풍속이 고구려와 비슷했다고 해. 하천과 산을 경계로 읍락이 만들어졌는데, 읍락은 후, 읍군, 삼로가 다스렸지.

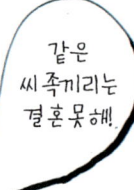

읍락 단위의 공동체 생활을 했는데, 만일 다른 읍락에 이유 없이 들어가면 소와 말로 물어주거나(이를 '책화' 라고 한다) 노예가 되어야 했대. 그리고 같은 씨족끼리는 혼인하지 않는 족외혼 제도를 가졌어.
음력 10월에는 일 년 농사에 대해 감사를 드리는 무천이라는 제천 의식을 지냈는데, 이 때는 모두가 밤새 놀고 먹고 마시며 즐겼다고 해.

동예의 특산물로는 반어피, 과하마, 표범가죽, 단궁 등이 있었고, 광개토왕 때 이 지역 대부분이 고구려와 합쳐졌어.

옥저

지금의 함경도 함흥 일대에 거주하던 종족으로 동예와 마찬가지로 왕이 없었어. 읍락마다 삼로라는 군장이 하호를 다스렸는데, 삼로 위에는 현후라는 직책이 있었다고 해. 일찍부터 고구려의 지배를 당했는데, 농업이 발달해 농산물이 풍부했고 해산물도 많았으나, 고구려에 많이 빼앗겼어.

언어와 의식주가 고구려와 비슷했지만, 혼인 제도는 정반대였어. 고구려는 데릴사위제와 유사한 서옥제인 반면, 옥저는 민며느리 제도를 가졌지. 민며느리제란 나이 10살 정도의 어린 며느리를 신랑 집으로 보내 키운 다음, 어느 정도 나이가 되어 조건을 맞춰 혼인을 하는 제도를 말해. 그리고 옥저는 한 가족을 같은 목곽 속에 묻는 가족공동묘의 풍습을 갖고 있었다고 해.

> **서옥제** 고구려의 혼인 풍습으로, 남자가 혼인할 여자의 집에 가서 여자가 자식을 출산할 때까지 여자의 집에서 같이 사는 것을 말한다. 이 때 서옥이란 여자의 집 뒤에 조그만 집을 지어 남자를 살게 한 집을 말한다.

기원전 37년

주몽, 고구려 건국

난 태어날 때부터 활을 잘 쏘았지.

고구려 건국 이야기

스스로 천제의 아들이라 칭한 해모수는 물의 신 하백의 딸 유화에게 접근하여 그녀와 동침을 하게 돼. 뱃속에 아이를 가진 유화는 부모에게 버림 받고 백두산 남쪽 우발수 근처에서 동부여 왕 금와에게 발견되어 동부여로 가게 돼.

점점 배가 불러 온 유화는 마침내 커다란 알을 낳는데 이 알에서 사내 아이가 탄생했지. 이 아이가 바로 주몽이야. 어려서 활을 잘 쏘아 붙여진 이름이래. 금와의 일곱 아들들이 주몽의 재주를 시기하여 죽이려고 하자, 어머니인 유화는 주몽을 멀리 달아나게 했어. 기원전 37년, 주몽은 오리, 마리, 협보 등 자신을 따르는 부하들과 함께 졸본 지역에 나라를 세우고 국호를 고구려라 했어.

주몽은 건국한 다음 해에 비류국의 송양이 다스리던 지역을 흡수하여 그 지역을 다물도(都)이라 했어. 다물이란 옛 영토를 회복하는 일을 뜻하는 고구려 말로, 주몽의 옛 영토 회복 의지를 보여 주고 있어.

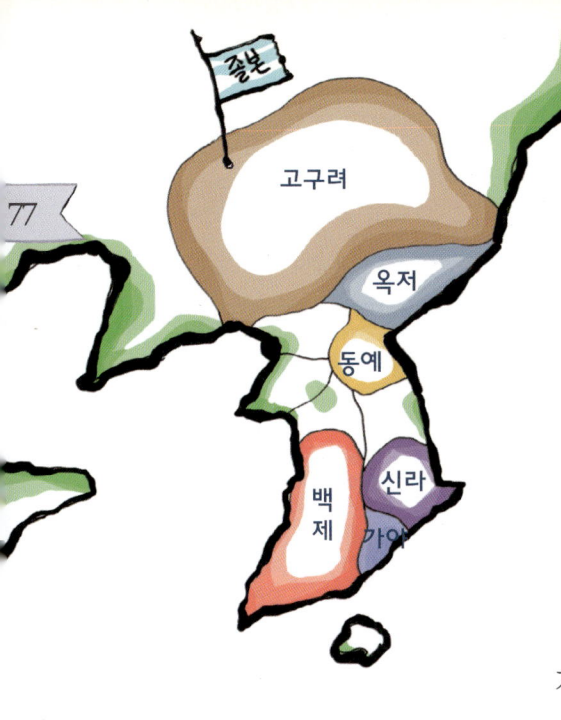

고구려의 5부족

소노부, 계루부, 절노부, 관노부, 순노부 등 고구려가 나라를 건설하는 데 주축이 된 5개 부족이야. 이들 5개 부족이 연합해 왕과 함께 정치를 했어. 부족 연맹체 회의인 제가회의를 통해 왕위 계승과 대외 전쟁 등 국가의 중요 사항들이 결정됐지.

고구려의 왕은 초기엔 소노부에서 나왔다가 6대 태조왕 때부터 계루부의 고씨가 왕위를 세습했어. 소노, 계루, 절노부 등 전, 현 왕족 및 왕비족의 대가들에겐 고추가라는 호칭도 붙었대.

고구려의 정치 제도

왕 아래에는 수상과 같은 대대로, 태대형 등 10여 개의 관등이 있었어. 수도와 지방 행정 구역을 각각 5개로 나누어 5부족에서 맡아서 다스렸어. 5부 아래에는 여러 성이 있었는데, 5부의 우두머리를 욕살, 성의 우두머리를 처려근지 혹은 도사라고 했어. 이들 지방 장관들은 중앙에서 파견했는데 행정과 군사를 함께 담당했다고 해.

 **대무신왕(재위 18~44년)** 고구려 제3대 왕으로 2대 왕인 유리왕의 아들. 재위 기간 동안 부여의 대소왕을 죽이고 개마국을 정벌하는 등 고구려 초기에 영토를 확장하는 데 공을 세운 왕이다. 왕자인 호동으로 하여금 낙랑의 자명고를 부수도록 하여 낙랑을 정벌하기도 하였다.

태조왕(재위 53~146년) 고구려 제6대 왕으로 중앙 집권 체제의 기틀을 마련한 왕이다. 56년엔 동옥저를 정복하고, 68년에는 부여 대소왕의 동생이 세운 갈사국을 병합했다. 왕위를 계루부 고씨로 세습하게 하여 왕권을 강화하였다. 역사상 가장 장수한 왕이다.

 고국천왕(재위 179~197년) 고구려 제9대 왕으로 전통적인 5부족을 동, 서, 남, 북, 중의 5부 행정 구역으로 개편하였다.
왕위 계승을 형제에서 부자 상속으로 바꾸고, 194년 국상 을파소에게 진대법을 실시케 하여 농민들의 빈곤을 구제함과 동시에 이들이 귀족들에게 예속되는 것을 방지, 왕권을 더욱 강화하였다.

고씨가 왕이야.

백제 건국 이야기

백제는 주몽의 작은 아들인 온조가 10명의 신하와 백성들을 이끌고 고구려를 떠나 남쪽 지방인 하남 위례성에 도읍을 정하고 세운 나라야. 처음엔 열 신하가 자신을 도왔다고 하여 십제(十濟)라고 했으나, 후에 많은 백성이 즐겁게 따랐다고 해서 나라 이름을 백제(百濟)로 고쳤어. 친형인 비류도 같이 남하해 미추홀(지금의 인천)에서 살았으나 후에 온조와 합쳤어.

온조는 기원전 5년 위례성에서 남한산으로 도읍을 옮겼는데, 마한과 서로 국경을 맞대고 있었지. 기원후 8년에 마한의 대부분 지역을 흡수 병합했다가, 다음 해에 마한을 멸망시켰어.

6품

16품

11품

기원전 18년

온조, 백제 건국

백제의 정치 제도

백제는 고이왕 때 국가 체제와 제도를 정비해 중앙 집권 국가로서의 틀을 준비했어.

먼저 중앙 관리 제도로 6좌평과 16등급의 직제를 만들었고, 6품 이상은 자주색, 11품 이상은 빨간색, 16품 이상은 파란색 등 등급에 따라 옷색깔을 달리하는 공복 제도도 만들어 시행했지.

13대 왕인 근초고왕 때는 지방 통치를 위해 담로를 설치, 왕족들을 보내 다스리게 했어.

고이왕(재위 234~286년) 백제 8대 왕으로 중앙 관제를 6좌평 16등급으로 제정하고, 등급에 따른 공복을 입도록 함으로써 왕권을 강화, 백제의 중앙 집권 국가로 나갈 수 있도록 한 왕이다.
53년간 왕위에 있으면서 신라를 공격해 영토를 넓히는 등 백제의 실질적인 시조 역할을 한 왕으로 평가 받고 있다.

풍납토성 서울 송파구에 있는 토성. 약 86만 평방미터로 우리 나라에서 발견된 토성 중에 가장 크다.
백제 초기 수도인 하남 위례성으로 추정되는 이 토성은 1997년 아파트 공사 때 다량의 백제 유물이 발견되었는데, 그 후에도 지속적인 발굴 조사로 2008년 말에는 백제 초기의 것으로 추정되는 식량 창고와 주거지 등이 발견되었다.
인근의 몽촌토성, 석촌동 고분과 함께 백제의 흔적을 살필 수 있는 중요한 문화재다.

기원전 57년 혁거세, 신라 건국

신라 건국 이야기

　진한의 여섯 마을 중 고허촌의 촌장인 소벌공이 양산의 나정 옆 숲에서 말이 우는 것을 보고 가 보니 알이 있었대. 그 알을 쪼개자 아이가 나왔다고 하는데, 그 아이가 바로 신라의 시조 박혁거세였다고 해. 알이 박 모양을 닮았다고 하여 성을 박(朴), 이름은 빛으로 세상을 다스린다는 뜻인 혁거세로 했대.

　기원전 57년 13살의 나이로 왕위에 올라 나라를 세우고 나라 이름을 서라벌이라 했어. 왕의 명칭은 거서간이라 했는데, 거서간이란 진한의 말로 왕, 혹은 귀한 사람을 뜻해.

　알영 우물에서 발견한 알영을 왕비로 맞이해 농사와 양잠을 장려했대. 혁거세는 61년 동안 나라를 다스리다가 죽었는데, 사람들이 장사를 지내려고 하자 뱀이 방해를 하여 할 수 없이 몸을 다섯으로 나누어 묻었다고 해.

알영 알영 우물에 용이 나타나 갈빗대에서 어린아이가 나오자 할머니가 이상하게 생각하고 주워 길렀다고 한다. 알영 우물에서 주웠다고 해서 이름을 알영이라 하였는데, 얼굴이 아름답고 행실이 어질어 박혁거세가 왕비로 맞이하였다고 한다.

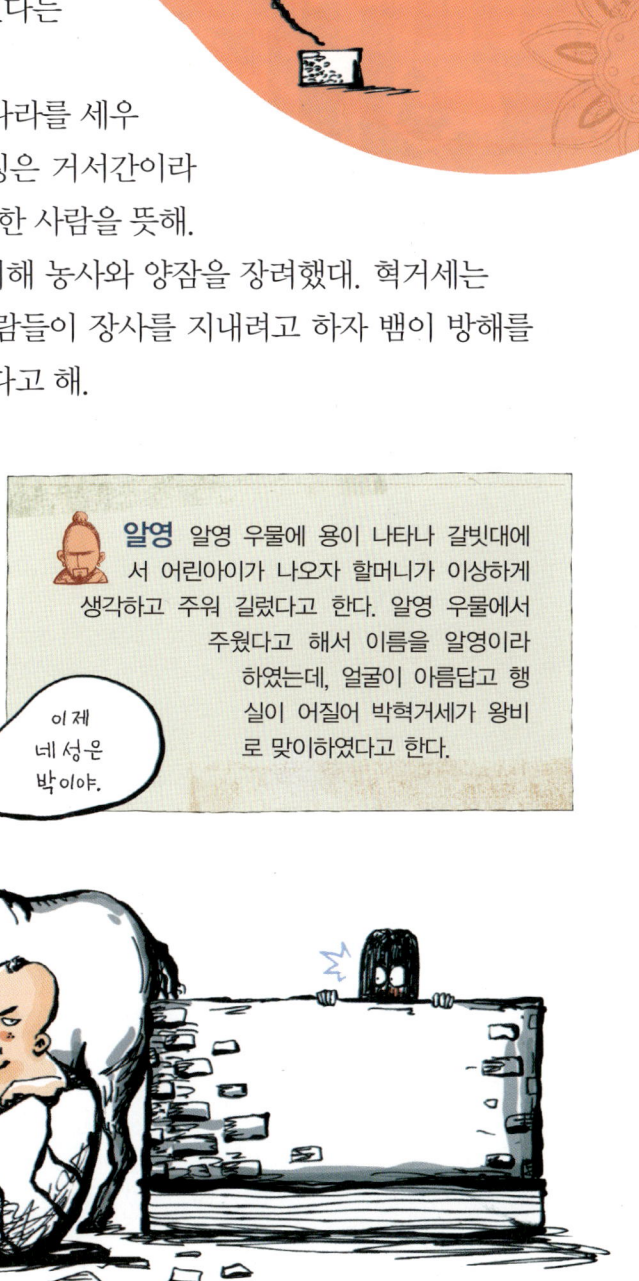

읍락 국가에서 연맹 왕국으로 발전

신라는 6개 씨족이 연맹하여 세운 읍락 국가에서 출발했어. 6개 씨족 중 대표적인 성씨가 박씨와 김씨로 이들 두 씨족이 신라 건국의 주도 세력이었어. 그 후 외부에서 온 석씨가 새로운 세력으로 등장해 17대 내물왕 때까지 박, 석, 김 등 3대 성이 교대로 신라의 왕위에 올랐어.

하지만 초기에는 호칭에서도 알 수 있듯이 연장자 혹은 지혜로운 사람이 왕이 되었으며, 왕은 절대적인 권력을 가진 존재가 아니었어.

신라였으면 내가 왕이다!

그러다 내물왕 때부터 '김'씨 성이 왕위를 세습하고, 마립간이란 왕호를 사용하면서 왕권이 강화되고 기존의 씨족 중심 체제에서 연맹 왕국으로 발전을 했어.

5세기 이후 신라는 부자 상속을 원칙으로 하면서 더욱 강력해진 왕권을 기반으로 중앙 집권 체제의 틀을 만들어갔지.

왕의 명칭 혁거세가 왕으로 즉위할 때 부르던 명칭은 거서간으로 이는 왕, 또는 귀한 사람을 뜻한다.

삼국유사에 따르면 거서간은 1대 혁거세에게만 불렸고, 2대 왕인 남해왕은 차차웅, 3대 유리왕부터 16대 흘해왕까지는 이사금, 17대 내물왕부터 21대 소지왕까지는 마립간이라 하였고, 이후 22대 지증왕부터는 왕으로 불렸다(지증왕은 삼국사기에 지증마립간으로 되어 있으나 지증왕 4년에 왕이란 칭호로 바꾸었다).

차차웅이란 무당, 혹은 제사장을 뜻하며, 이사금은 연장자, 마립간은 높은 마루에 앉은 지배자, 혹은 으뜸가는 지배자를 뜻한다.

이제부터 내 아들이 다음 왕이 될 것이다.

내물왕

떡값

다음 왕에 좀...

카이사르가 갈리아 지역(지금의 프랑스) 총독으로 있을 때 지은 책으로 서유럽, 영국에 관한 중요한 자료다.

기원전 57년 ▶▶▶ 193년

박혁거세, 신라 건국
기원전 57년

기원전 52년
로마 카이사르, 〈갈리아 전기〉 저술

기원전 44년
카이사르, 피살되다

기원전 43년
로마, 제2 삼두 정치가 시작되다

주몽, 고구려 건국
기원전 37년

흔히 A.D., B.C.로 구분되는 서기는 바로 예수의 탄생을 기점으로 시작돼. 예수는 유대 왕 헤로데스 때, 이스라엘 북쪽 나자렛에서 태어났어.

예수는 세례 요한에게 세례를 받고 복음을 전파, 12명을 사도로 삼아 자신의 가르침을 널리 알리도록 했어. 당시 유대인들은 로마의 억압 속에서 메시아가 자기 민족을 구하기 위해 나타날 것을 믿고 있었어. 그런 때 예수는 종교적인 위선을 배제하고 평등과 정의를 내세우고, 사랑을 전하면서 일반 대중들의 마음을 사로잡았지.

그러자 예수를 싫어한 유대의 종교 대표인 사두가이파, 바리사이파는 예수를 체포해 빌라도 총독에게 넘겨 십자가 사형에 처하도록 했어. 하지만 예수의 가르침은 신약 성경으로 전해져 구약 성경과 함께 전 세계 사람들이 가장 많이 읽는 책 중의 하나가 되었지.

기원전 4년 예수의 탄생

외주여~

성경 구약 39권, 신약 27권으로 된 성경은 기독교와 유대교의 경전으로, 성서라고도 한다. 구약은 신에 의한 우주와 세계, 인간의 창조 및 출애굽, 신에 대한 예배 방법 등을 다룬 모세 5 경과 예언서, 역사서 등으로 되어 있다.
신약은 예수 그리스도의 행적과 사도들의 전도와 서신, 예언서 등 주로 메시아로서의 예수를 중심으로 기록되어 있다.

베드로와 바울 기독교 전파에 큰 공을 세운 사도. 베드로는 예수의 12제자 중 수제자로 가톨릭의 1대 교황이며, 복음을 전파하다가 십자가에 거꾸로 매달려 순교했다.
바울은, 처음에 예수를 믿는 신도들을 박해하다가 계시를 받고 이름을 사울에서 바울로 바꾸었으며, 주로 이스라엘 이외의 지역에서 전도 활동을 펼쳤다.

모세 5경 구약 성경의 맨 앞에 나오는 창세기, 출애굽기, 레위기, 민수기, 신명기를 말한다.

온조,
백제 건국
기원전 27년 **기원전 18년** **기원전 4년** **8년** **9년** 백제, 마한을 멸망시키다 고구려 대무신왕, 부여를 공격해 대소왕을 죽이다 **22년** **25년** 김수로, 금관가야 건국 **42년**
로마, 아우구스투스가 황제가 되면서 제국 시작 예수 탄생 중국 왕망, 한을 일시 멸망시키고 신나라 건국 중국 광무제, 후한을 세우다

8

194년
진대법

진대법이란 흉년이나 춘궁기에 곡식을 빌려주고 추수 때에 돌려받는 제도를 말해.

고구려 고국천왕이 사냥을 나갔다가 어떤 사람이 울고 있어 그 사람에게 우는 이유를 물으니 흉년이 들어 품을 팔지 못해 어머니와 함께 굶게 되었다고 대답했대. 그러자 왕은 고구려의 재상인 을파소의 건의를 받아들여 춘궁기인 3~7월에 백성을 위해 관아의 곡식을 풀고, 10월에 갚는 진대법을 시행했지.

흉년이 들어 농민들이 토지를 떠나 떠돌거나 귀족들에게 토지를 바치고 노비가 될 경우, 떠도는 사람이 많아 나라가 불안해지거나 세금이 줄어들 수 있으므로, 왕은 농민들에게 곡식을 빌려 주어 농민들의 생활을 안정시킴과 함께 왕의 권력을 좀더 확실하게 다질 수 있었어.

곡식을 빌려 줄 테니 나중에 갚아라.

곡식이다!

의창 평상시에 곡식을 저장해 두었다가 춘궁기나 흉년이 들었을 때 빈민을 구제할 목적으로 만든 구호 기관. 진대법과 유사한 이 제도는 고려 태조가 흑창이란 구호 기관을 설립, 후에 고려 성종이 이를 확대하여 의창으로 시행하였다.

중국 후한 말에 황건적이 반란을 일으키고, 조정은 권력 다툼으로 나라가 혼란스러웠어. 당시에 조조는 황건적의 난을 진압하고, 허베이 지역의 최대 세력인 원소를 물리쳐 이 지역을 평정하였지. 이 때 유비는 제갈공명과 함께 징저우(형주)에서 기반을 닦고 있었고, 손권은 강동 지역을 다스리고 있었어.

허베이 지역을 평정한 조조는 내처 유비와 손권을 몰아내 통일을 이루려고 군대 25만 명을 거느리고 적벽으로 향했어. 하지만 이 곳에서 조조군은 유비, 손권 연합군에게 패하고, 중국은 삼국으로 나뉘었어.

220년 조조의 아들 조비가 위나라를 세웠으며, 이어 221년에는 유비가 촉한을, 222년에는 손권이 오나라를 세웠어.

208년 적벽대전

바람아, 방향을 바꾸어라!

역시 제갈공명이오.

⚔ **고구려와 삼국과의 관계** 고구려는 삼국, 특히 위나라와 관계가 깊다. 237년 요동의 공손연이 연나라를 세우자, 위나라의 사마의는 고구려와 함께 연나라를 공격해 멸망시켰다.

하지만 이 지역을 위나라가 독점해 버리자, 고구려 동천왕은 242년 요동 서안평을 공격해 점령했다. 하지만 위나라는 유주자사 관구검에게 고구려를 공격하도록 해, 고구려는 수도인 환도성이 함락되고 왕이 피난가는 등 고전을 면치 못하다가 유유와 밀우의 활약으로 위기를 모면하게 된다.

🟡 **출사표** 촉의 제갈공명이 위나라를 정벌하러 출정하기에 앞서 촉의 황제인 유선에게 바친 글. 나라가 위급함에 처해 있어 전쟁을 하러 가는 제갈공명의 충정이 담긴 글로 명문으로 알려져 있다.

조조, 유비, 손권

중국 후한말, 부패한 정치와 흉년으로 민심은 어지럽고, 전국에서
황건적의 난이 일어나 혼란하던 때에 혜성같이 등장한 인물들이 있었어.
조조와 유비, 손권이 바로 그들이야. 이들은 중국을 삼등분해
각각 자신들의 영향력 아래 두고 통일을 위해 한 걸음씩 나아갔어.

카리스마
하면
이 조조님
아니겠어?

무슨 소리!
나 손권도
남쪽에서는
꽤 알아주는
인물이라고!

위나라의 조조, 촉나라의 유비, 오나라의 손권 등 중국은
셋으로 나뉘어 치열한 전쟁을 치렀어.
이들의 싸움에 수많은 백성들이 희생됐지.

우리 세
의형제를
빼면 얘기가
안 되지.

암요.

그래도 삼국지
하면 유비, 관우,
장비 아니겠어?

조조의 위나라가 가장 강했지만, 촉의 유비 역시 제갈공명이라는 유능한 책략가와 관우, 장비, 조운 등 걸출한 장수들을 앞세워 조조군을 괴롭혔어.
오나라의 손권도 기회를 엿보며 조조와 유비군과 손을 잡기도 하고 싸우기도 했어.
유비가 죽은 후에도 제갈공명은 촉나라가 전쟁을 잘 이끌도록 했지.

그렇지만 삼국 간의 전쟁은 조씨도, 유씨도, 손씨도 아닌 사마씨의 사마염이 265년 서진을 세운 후에야 끝났어.

313년
고구려, 낙랑을 멸망시키다

고구려 15대 왕 미천왕은 32년간 왕위에 있으면서 고구려의 영토를 넓히는 일에 노력한 왕이야. 3만 명의 군사를 이끌고 현도군을 공략했고, 요동 서안평을 공격하여 점령했어. 그리고 한4군으로 한반도에 남아 있던 낙랑군을 공격해 기원전 108년에 한나라가 한반도에 설치한 이후 421년만에 멸망시켰어.

또한 바로 다음 해에 지금의 황해도 주변에 있던 대방군도 공격해 점령했어. 이후에도 비록 성공하지 못했으나 미천왕은 요동 지역을 공략하기 위해 끊임없이 시도했어.

을불 이야기 고구려 13대 왕인 서천왕이 죽고 태자인 봉상왕이 즉위하자 을불의 아버지이자 서천왕의 아들인 돌고가 반역하는 줄 알고 봉상왕은 돌고를 죽인다. 을불은 봉상왕을 피해 소금 장사하는 집에 더부살이로 들어가 함께 소금 장사를 하며 지냈다.

어느 날 사수촌이란 곳의 어떤 집에서 잠을 자게 되었는데, 이 집의 욕심 많은 할머니가 소금을 많이 달라며 을불에게 떼를 썼다.

하지만 소금이 귀했기 때문에 줄 수 없다고 하자 할머니는 앙심을 품고, 을불 몰래 자기 신발을 을불의 소금 속에 숨겨 두었다.

다음 날, 할머니는 을불이 신발을 훔쳤다고 하면서 짐을 뒤지기 시작했다. 신발이 나오자 사람들은 을불을 때리고 소금도 모두 빼앗았다.

왕손이면서 이리저리 목숨을 연명해 가던 을불은 언젠가 좋은 날이 올 것이라 믿었다. 그런 가운데 봉상왕은 지진과 가뭄으로 어려운데도 대규모 토목 공사와 사치스러운 생활로 백성들의 원망을 듣게 되었다. 국상인 창조리의 충언도 듣지 않고 오히려 죽이려고 하자, 창조리 등 충신들은 봉상왕 몰래 왕손인 을불을 찾아 나섰다.

수소문 끝에 마침내 을불을 만나 왕위에 오르도록 하였는데, 이 사람이 바로 고구려 13대 왕인 미천왕이다.

내가 고구려의 미천왕이다.

194년
▶▶▶
313년

고구려, 진대법 실시
🕐 **194년**
중국 후한, 유비가 예주자사 되다

로마에게 박해를 받던 기독교가 공식적으로 인정 받아 종교의 자유가 허용된 내용을 담고 있는 칙령이야. 로마의 콘스탄티누스 1세와 리키니우스가 밀라노에서 공동으로 공포했어. 밀라노 칙령으로 로마 제국에서 기독교가 공식적으로 허용되고 빼앗은 교회의 재산도 돌려받게 되었지.

그동안 로마에서는 기독교의 박해가 심해 많은 기독교인들이 죽거나 옥에 갇혔는데, 밀라노 칙령으로 자유롭게 신앙을 갖게 되었어. 그와 함께 로마 황제인 콘스탄티누스 1세는 당시에 혼란스럽던 로마의 정치 상황에서 어느 정도 안정을 찾게 됐어.

313년 밀라노 칙령

난 네로다.

기독교인이 로마를 불질렀대!

활활

활활!

로마의 기독교 박해

로마의 기독교 박해는 네로 황제 이후 200여 년 이상 지속되었다. 로마는 전통적으로 다신교의 사회였던 반면 기독교는 유일신을 강조했으며, 만민 평등을 주장하는 기독교인들이 좋게 보이지 않았다.

더구나 로마의 황제들은 자신을 숭배할 것을 요구했으나 기독교인들은 유일신인 하나님밖에 없다는 것을 신앙으로 했기 때문에, 특히 황제들의 박해가 심했다. 64년 로마 시내를 불지른 네로 황제가 기독교인들을 화재의 주동자로 몰아 수많은 기독교인들을 잡아 처형한 것을 시작으로, 313년까지 계속되었다.

콘스탄티누스 1세(재위 306~337년)

'대제'라고 불리울 정도로 서유럽에서 인정을 받고 있는 로마 황제. 당시 로마에서 핍박 받던 기독교를 공인함으로써 가톨릭에서는 그를 성인으로 받들고 있다.

리키니우스(재위 308~324년)

콘스탄티누스 1세와 함께 로마를 공동 통치한 황제로 밀라노 칙령을 공포했으나 말년에는 기독교를 다시 탄압하였다.

221년에는 유비가 촉한을, 222년엔 손권이 오나라를 세워 삼국 시대가 열리다

위의 관구검 공격을 고구려의 미우와 유유가 물리치다

백제 고이왕, 율령 반포

고구려 미천왕, 낙랑을 멸망시키다

208년
유비와 손권 연합군, 적벽에서 조조군을 물리치다

220년
조조의 아들 조비, 위나라 건국

227년
제갈공명, 출사표

244년

260년

265년
사마염, 서진 건국

304년
중국, 5호 16국 시대(89쪽 참고)

313년
로마 콘스탄티누스 대제, 밀라노 칙령

346년
백제의 전성 시대

백제는 근초고왕이 왕위에 오른 후 약 30년간 전성기를 맞았어. 이 시기에 부자 상속으로 왕위를 이었고, 고구려의 평양성을 공격해 고국원왕을 전사시키는 등 영토가 확장되고 왕권이 강화됐어.

고흥에게 〈서기〉를 쓰게 하고, 아직기, 왕인 박사를 일본으로 보내어 천자문과 논어를 전파했어. 그리고 백제를 중국의 요서 지방과 일본을 잇는 해상 무역의 중심지로 만드는 등 군사력과 문화, 경제력에서 백제의 전성 시대를 열었지.

372년에는 일본왕에게 칠지도를 하사해 일본과 긴밀한 관계를 맺었어. 침류왕 때 인도 승려 마라난타가 들어와 불교를 전파하자 이를 받아들이기도 하지. 하지만 고구려 광개토왕이 즉위하면서 백제는 크게 위축돼, 장수왕 때는 개로왕이 살해되기도 했어.

후에 백제는 성왕 때 신라와 손잡고 다시 한강 유역을 되찾는 등 부흥기를 잠시 맞았으나, 신라와의 연합이 깨지고 성왕이 신라군에게 전사하면서 세력이 약해지고 말았어.

왕인 먼저 일본에 건너간 아직기의 소개로 천자문과 논어를 갖고 일본으로 가서 경전과 역사를 가르쳤으며, 고대 일본 문화를 크게 발전시켰다. 지금의 영암 지방에서 태어났다고 전해지며 정확한 행적은 우리 나라 역사에는 기록되어 있지 않지만, 일본에서는 신사가 세워지고, 히라카타 시에 왕인 무덤이 있는 등 왕인 관련 유적지가 남아 있다.

칠지도 일본 이소노가미 신궁에 보관된 칼로 길이가 74.9cm이며, 칼의 몸통 좌우에 각각 3개의 가지가 나와 있어 칠지도라 불리며 1953년 일본의 국보로 지정되었다.

이 칼에는 총 61자의 한자가 새겨져 있는데, 글의 해석을 놓고 우리 나라 학자와 일본 학자 간에 논란이 일고 있다.

칠지도를 백제가 일본에 하사하였는지 혹은 바쳤는지에 대한 논란으로, 칼에 새겨진 글에서 왜왕을 후왕이라 하여 왕이 아닌 제후의 수준으로 부른 점, 그리고 백제의 세자가 왕의 지시로 칼을 만들었다는 데서 왜왕과 세자를 같은 수준으로 보았다는 점 등으로 미루어 백제왕이 일본왕에 하사하였다는 우리 학자의 주장이 맞다고 본다.

320년
▶ ▶ ▶
371년

320년 인도 굽타 왕조 시작

백제, 김제에 벽골제를 파다

330년 로마, 수도를 콘스탄티노플로 옮기다

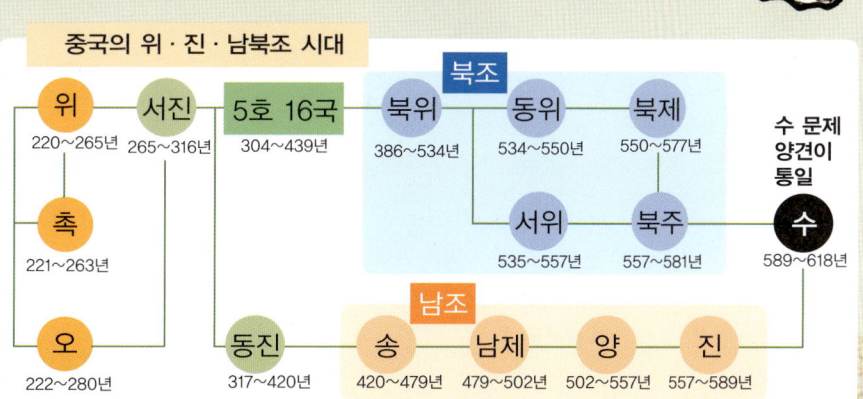

304년 중국, 5호 16국 시대

4세기초 북방 유목 민족인 흉노, 갈 족, 선비 족, 저 및 강 족 등 중국의 이민족인 5호(胡, 오랑캐란 뜻)와 한인들이 중국 화베이 지역에 20여 개의 왕조를 세웠어. 그 중에 대표적인 16국이 있었는데, 이 시기를 역사적으로는 5호 16국 시대라고 해.

이전에 영토 확장으로 많은 이민족을 흡수한 한나라가 망하고, 위, 오, 촉 삼국 시대를 거치면서 한인들이 이런 이민족들을 노예로 삼는 등 학대가 점점 심해졌어. 그러다가 8왕의 난을 기회로 힘을 모은 이민족 세력들이 크고 작은 나라들을 잇달아 세웠지.

이 시기는 중국에 통일 국가가 나타나지 않아, 우리 나라의 고구려, 백제, 신라와는 분쟁이 적어 삼국은 전성기를 맞았어.

8왕의 난을 기회로 바라을…

노예 노릇 못해 먹겠어.

퉤!

8왕의 난 조조의 책략가이자 제갈공명의 라이벌이었던 사마 중달의 손자인 사마염이 위, 오, 촉한의 삼국을 멸망시키고 진(晉)나라를 세우고 진무제로 황제에 올랐다.

하지만 지방을 완전히 장악하지 못한 진의 무제는 왕자들에게 군사력을 주어 지방들을 지키게 하는데, 진의 무제가 죽자 이는 결국 황위 찬탈의 원인을 제공하고 말았다.

290년 진무제가 죽으면서 발생한 이 난에 8명의 왕이 연루되었다고 해서 8왕의 난으로 부르는데, 각 왕들이 세력 확대를 위해 북방의 선비, 흉노 등을 끌어들이면서 진(서진)의 몰락과 동시에 5호 16국 시대가 열렸다. 이후 130여 년간 혼란의 시대가 지나고 남북조 시대가 열리게 되었다.

중국의 위·진·남북조 시대

- 위 220~265년 / 서진 265~316년 / 5호 16국 304~439년
- **북조**: 북위 386~534년 → 동위 534~550년 → 북제 550~577년 / 서위 535~557년 → 북주 557~581년
- 촉 221~263년
- 오 222~280년 / 동진 317~420년
- **남조**: 송 420~479년, 남제 479~502년, 양 502~557년, 진 557~589년
- 수 문제 양견이 통일 → 수 589~618년

내물왕이 왕위에 오르면서 통일 신라 효공왕 때까지 약 550년간 김씨가 왕위 세습

- 중국 연왕인 모용황이 침입해 미천왕릉을 도굴하다 **342년**
- 신라, 김씨가 왕위 세습 **356년**
- 중국 전진, 둔황에서 막고굴이 만들어지기 시작하다 **366년**
- 백제, 칠지도 제작 **369년**
- 백제 태자 근구수, 고구려의 고국원왕을 죽이다 **371년**

372년
고구려, 통치 제도를 만들어가다

고구려는 소수림왕이 왕위에 오르면서부터 크게 발전하게 돼.

왕위에 오른 다음 해인 372년에 태학을 세워 고구려의 미래를 담당할 귀족의 자제들에게 교육을 시켰어. 그리고 373년엔 율령을 반포해 나라의 법과 제도를 세움으로써 국가의 기본 체제를 정비하고, 이어 불교를 공인해 민심을 안정시키고 왕권을 튼튼히 했어.

소수림왕은 비교적 왕위에는 짧게 있었지만, 국가가 가져야 할 여러 제도들을 만들어 놓아, 후에 광개토왕이 안정된 기초 위에서 영토를 확장해 가는 데 밑거름이 되었던 왕이야.

소수림왕(재위 371~384년) 고구려 17대 왕으로 아버지인 고국원왕이 백제와 전투에서 죽자 뒤를 이어 왕이 되었다. 갑작스럽게 왕이 되어 혼란에 빠진 나라를 이끌기 위해 여러 개혁 정치를 펼쳤다.
불교를 받아들이고 태학을 세워 인재를 키웠다. 율령을 반포해 왕권을 강화하고 강력한 고구려의 기초를 닦은 왕으로 평가할 수 있다.

⚔️ **삼국은 왜 불교를 받아들였는가?** 삼국은 대체로 국가 체제를 정비하고 한 단계 도약을 하던 시기에 불교를 받아들였다. 이는 불교를 통해 민심을 안정시키고 백성의 사상을 통일함과 동시에 국가에 충성하도록 하는 호국 사상을 불러일으켜 왕권을 강화하려는 목적이 담겨 있었다.
특히 신라는 가장 늦게 불교를 받아들였으면서도 통일신라를 거쳐 불교 문화의 꽃을 피우게 되고, 원효와 의상, 자장 등과 같은 걸출한 승려들을 배출했다.

율령 율령이란 국가를 통치하기 위해 반드시 필요한 형벌법(율)과 행정법(령)을 말한다. 율령격식의 준말로 형법과 행정법령, 그리고 보충법령, 시행규칙 등인데, 삼국 시대 때는 기본적인 틀만 만들어 선포했으나, 통일신라와 고려를 거쳐 조선 때 〈경국대전〉으로 이어지면서 오늘날 여러 법령으로 이어져 내려오고 있다.

학력은 곧 국력!

소수림왕 태학

〈서기〉는 삼국사기에 기록된 백제 최초의 역사책으로, 백제 근초고왕 때 편찬됐으나 지금은 전해지지 않는다.

백제, 왜왕에게 칠지도 하사.
고구려 태학 설립
372년

고구려 율령 반포
373년

고흥, 〈서기〉 편찬
375년
게르만 민족의 대이동 시작

372년 ▶▶▶ 390년

중앙아시아의 유목 민족이던 훈족의 침입으로 지금의 스칸디나비아 반도와 흑해 근처 등 동유럽 지역에서 살던 동게르만족을 비롯해 여러 게르만족들이 대규모로 이동해 로마 제국의 영토로 들어오게 돼. 이를 게르만 민족의 대이동이라고 하지.

이들은 서로마 제국이 멸망하던 시기를 전후해 유럽 각지에 게르만 왕국을 세웠어.

에스파냐의 서고트, 이탈리아의 동고트, 북아프리카의 반달, 북프랑스의 프랑크, 스위스와 독일 지역의 부르군트 등이 200여 년에 걸쳐 건설된 게르만 왕국들이야.

게르만 민족의 대이동으로 서로마 제국이 멸망하고, 유럽은 중세 시대가 열리게 돼.

375년 게르만 민족의 대이동

훈족은 누구인가? 중앙아시아에 살았던 튀르크계의 유목 기마 민족으로, 흉노와 동일하다는 설이 있다.

이는 훈족과 흉노가 살았던 시대와 지역이 비슷하기 때문인데, 중국의 후한을 위협하던 북흉노가 반초에게 패하여 93년경 몽골을 떠나 이리 지방으로 흩어졌다가 다시 2세기 중엽 중앙아시아의 키르기스 지방으로 이동하였다. 이것으로 짐작해 보면 북흉노의 후손이 4세기경 서유럽으로 이동한 훈족과 같은 종족이라고 생각할 수 있다.

흉노족은 기원전 3세기경 몽골과 중앙아시아를 무대로 성장한 기마 민족으로, 중국의 진, 한나라를 위협해 왔다. 하지만 기원후 48년 남흉노와 북흉노로 분열했다가, 남흉노는 한나라에 항복하면서 중국 한족으로 동화되어 갔고, 북흉노는 굴복하지 않고 저항하다가 중국 서쪽 지방으로 쫓겨나고 말았다.

아틸라 5세기경 훈족의 왕.

지금의 헝가리 지역을 근거지로 삼아 게르만 부족을 정복, 카스피해와 라인강에 이르는 국가를 만들었다. 이탈리아까지 침공하기도 했으나, 그가 죽자 그의 국가는 급격히 붕괴되고 말았다. 그의 이름은 독일의 중세 서사시인 〈니벨룽의 노래〉에도 묘사되고 있다.

9

391년
광개토왕의 영토 확장

광개토왕은 소수림왕이 닦아 놓은 제도들을 토대로 해 고구려의 영토를 크게 확장시킨 왕이야.

백제를 공격해 10개의 성을 빼앗고, 거란을 쳐서 500여 명을 포로로 잡았어. 또 백제와 왜의 연합군을 물리치고, 북으로는 후연을 격파해 요동 지역을 고구려 영토로 만들었으며, 숙신과 동부여를 통합했어.

광개토왕은 우리 나라 최초로 영락이란 연호를 사용해 밖으로는 중국과 대등한 지위를 공표하고, 안으로는 강력한 왕권을 나타냈지. 광개토왕의 생애와 업적은 광개토왕릉비에 자세히 기록되어 있어.

요동 땅은 내가 접수한다!

임나일본부설 광개토왕릉비에 새겨져 있는 비문 내용 중에 '신묘년' 기록에 대해 일본이 한반도로 건너와 백제와 신라를 신민으로 삼았다는 설. 일본이 한반도와 만주를 침략하기 위한 근거로 삼기 위해 조작한 설로 19세기 말부터 끊임없이 주장해 왔으나, 2010년에 한일 양국 학자들은 이 설이 사실이 아니라고 합의했다.

연호 왕이 다스리는 한자 사용권 나라에서 왕이 즉위하면서 새로운 명칭을 붙여 해를 세는 것을 말한다.

우리 나라에서는 광개토왕이 독자적으로 영락이란 연호를 붙인 것이 기록에 나타난 최초의 연호이며, 신라는 법흥왕 때인 536년 한나라 무제가 사용하던 '건원'이란 연호를 시용했다.

발해는 독자적인 연호를 사용했고, 고려도 독자적인 연호를 사용하다, 광종 이후부터 중국 연호를 썼으며, 조선도 중국 연호를 사용하다 청일 전쟁 이후 독자적인 연호를 사용했다.

광개토왕 릉비 높이 6.39m로 우리 나라의 비 가운데 가장 큰 비다. 광개토왕릉비는 광개토왕의 시호인 '국강상광개토경평안호태왕'을 따서 '호태왕비'라고도 한다.

장수왕 3년, 아버지인 광개토왕의 업적을 기리기 위해 지린성 지안현 퉁거우에 세운 이 비에는 4면에 걸쳐 총 1775자가 새겨져 있으며, 고구려의 건국 신화 및 왕계, 광개토왕의 업적, 그리고 왕릉을 관리하는 사람에 대한 규정 등이 기록되어 있다.

391년
▶▶▶
426년

로마 황제인 테오도시우스 황제가 죽은 후 로마가 동서로 갈라졌는데, 이 중에 동로마 제국을 비잔틴 제국이라 해.

330년 로마 황제인 콘스탄티누스 1세는 그리스인들이 세운 도시인 비잔티움(지금의 터키 이스탄불)을 새로운 수도로 정하면서, 이 도시의 이름을 콘스탄티노플이라고 했어. 비잔틴이란 말은 콘스탄티노플의 옛 이름인 비잔티움에서 유래하지.

기독교를 국교로 하였고, 고대 그리스와 로마의 문화를 받아들여 모자이크와 프레스코화가 발달했어.

동로마 비잔틴 제국은 전성기 때, 터키와 아프리카 북부, 스페인 일부까지 진출하는 등 거대 제국을 만들었으나, 1453년 오스만 제국에 의해 멸망됐어.

395년 비잔틴 제국

테오도시우스 황제(재위 379~395년) 당시 분할 통치하고 있던 로마를 재통합해 통치한 황제. 독실한 기독교인으로 재위 기간 중인 392년 기독교를 로마 국교로 했으며, 고대 올림픽 경기를 이교적이라 하여 폐지했다. 그의 사후 로마는 동로마, 서로마로 분리되었다.

로마는 왜 동서로 분열되었는가? 3세기 중엽 군인 황제 시대가 열리면서 게르만의 침입과 함께 로마는 혼란에 빠졌다. 이 시기에 교체된 황제만도 디오클레티아누스 황제 즉위 때까지 50여 년 간 26명에 달했다.

이에 디오클레티아누스 황제는 거대한 로마 제국을 효율적으로 다스리기 위해 제국을 넷으로 나누어 2명의 황제와 2명의 부황제를 두어 통치했다. 콘스탄티누스 대제 때 잠시 통일해 통치했는데, 이 때 지금의 이스탄불 지역에 제2의 로마 수도인 콘스탄티노플이 건설되었다.

이후 다시 분열과 통합을 하다가 테오도시우스 황제가 두 아들인 아르카디우스와 호노리우스에게 제국을 둘로 나누어 각각 동로마, 서로마 지역을 분할 통치케 함으로써 로마는 두 명의 황제가 다스리게 되었고, 기존의 로마를 수도로 하는 서로마 제국과 콘스탄티노플을 수도로 하는 동로마 제국, 즉 비잔틴 제국으로 나뉘어졌다.

지금의 스페인 지역에 게르만족의 하나인 고트족이 세운 나라. 서유럽 강국으로 일어나다.

고구려, 5만 병력으로 백제, 가야, 왜 연합군 격파
400년

로마, 성 아우구스티누스 〈고백록〉 짓다

고구려, 동부여 병합
410년

고구려, 장수왕 즉위
413년

고구려, 광개토왕릉비 세우다
414년

서고트 왕국이 건국되다 (~711년)
415년

저 따뜻한 남쪽 나라로 가 볼까?

장수왕은 광개토왕의 맏아들로 고구려 최대 영토 시대를 연 왕이야.

427년 수도를 만주의 국내성에서 평양으로 옮기고 남하 정책을 추진했어. 그러자 위협을 느낀 백제와 신라가 나제 동맹을 맺었으나, 475년 군사를 이끌고 백제를 공격하여 백제의 수도인 한성을 점령하고 백제의 개로왕을 죽였어. 이 때문에 백제는 한강 이남 아산만까지 밀려났고, 수도를 웅진(지금의 공주)으로 옮기게 됐지. 신라 역시 고구려의 공격을 받아 신라 북부 7성을 빼앗기고, 죽령 이북을 고구려에 내주고 말았어.

장수왕은 중국에 남북조 시대가 열리자 남조의 송과 남제, 북조의 북위와 외교를 통해 비교적 평화로운 관계를 유지했어.

아들아, 피는 못 속이는구나.

427년
고구려 장수왕, 평양 천도

백제

신라

가야

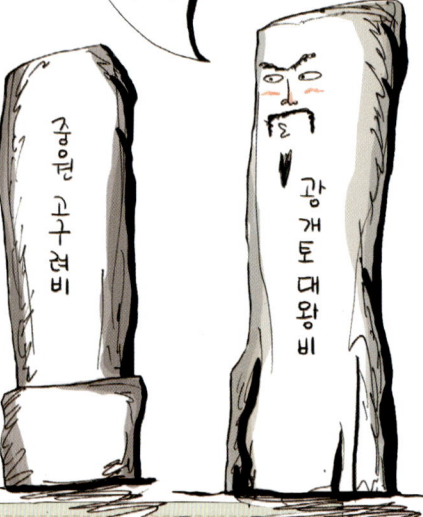

중원 고구려비

광개토대왕비

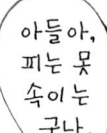 **개로왕(재위 455~475년)** 백제의 21대 왕으로 고구려가 첩자로 보낸 승려 도림에게 빠져 국가를 혼란에 빠뜨리고, 결국 자신은 장수왕의 침략을 받아 죽고 한성을 빼앗기는 결과를 초래하였다.

중원 고구려비 장수왕이 한강 이남으로 진출한 후 세운 비. 고구려가 남쪽으로 영토를 확장한 것을 기념하여 세운 남한 유일의 고구려 비로 충청북도 충주에 있다.

장군총 중국 지린성 지안현 퉁거우에 있는 고구려 돌무덤으로 장수왕 무덤으로 추정되고 있다.

427년
▶▶▶
474년

고구려 장수왕, 평양으로 천도
427년

429년
게르만족의 하나인 반달족이 북아프리카에 반달 왕국 건설

신라와 백제, 나제 동맹을 맺다
433년

역사적으로 중국 남북조 시대는, 남쪽의 경우 420년 동진의 멸망 이후 송의 건국부터, 그리고 북쪽은 439년 5호 16국의 혼란을 정리한 북위의 태무제 때부터의 왕조 시대를 말해.

439년
중국,
남북조 시대

> 나무 아미 타불

강남의 한족 왕조인 남조는 송, 남제, 양, 진(陳)을 거쳐 587년 수 문제인 양견이 통일했어. 유목 민족 왕조인 북조는 북위가 동위와 서위로 나뉘었다가 동위는 북제로, 서위는 북주로 왕조가 교체된 후 북주가 북제를 멸망시키고 잠시 화베이 지역을 통일했으나, 581년 수 문제 양견이 세운 수나라에 멸망됐어.

남북조 시대 역시 5호 16국 이후 통일된 왕조가 나타나지 않아 정치적으로 혼란했지만, 문화적으로는 번영을 누렸던 시기이기도 해.

특히 북조에서는 불교가 크게 일어나 여러 석굴들이 만들어졌고, 남조에서는 귀족 문화가 발달했어. 〈귀거래사〉로 유명한 도연명과 양나라의 황태자이면서 〈문선〉이란 시문집을 펴낸 소명태자 등이 이 시대를 살았으며, 서체로는 동진 시대에 살았던 왕희지체가 널리 알려져 있어.

둔황의 막고굴 중국의 서쪽 끝 오아시스 도시인 둔황에 조성된 석굴. 1000여 개의 석굴에 2400여의 불상인 안치된 천불동으로, 5호 16국 시대에 전진(前秦)의 승려가 366년경 석굴을 파고 불상을 조각한 것을 시작으로 1000여 년에 걸쳐 조성되었다. 특히 17굴인 장경동은 5호 16국 시대부터 11세기 북송 때까지 만들어진 5만여 점의 유물이 발견되기도 하였는데, 혜초가 쓴 〈왕오천축국전〉도 여기서 발견돼 프랑스로 유출되었다. 1987년 유네스코 세계문화유산으로 등록되었다.

윈강의 석굴 사원 북위 문성제 때인 454년부터 조성된 중국에서 가장 큰 석굴 사원. 북위의 수도였던 다퉁(大同)에서 서쪽 약 15km 떨어진 곳에 위치하고 있으며 총 42개의 석굴에 불상이 조각되어 있는데, 간다라 미술의 영향으로 불상의 이미지가 서역과 중앙아시아의 특징을 갖고 있다.

룽먼의 석굴 사원 북위의 효문제가 수도를 다퉁에서 뤄양(洛陽)으로 옮긴 후 뤄양 남쪽 이수 강가 양편에 조성한 석굴 사원. 수, 당, 송나라에 이르기까지 14만 개가 넘는 불상이 조각되어 있으며, 특히 당나라 때 전성기를 맞는다. 2000년 유네스코 세계문화유산으로 등록되었다.

> 동게르만족의 하나인 부르군트족이 남프랑스 론강 지역에 건설한 왕국

신라 눌지마립간, 고구려 승려 묵호자가 불교 전파

439년
중국의 북위, 화북 지역을 통일해 남북조 시대가 열리다

443년
부르군트 왕국 건설(~534년)

454년
윈강 석굴 사원이 만들어지기 시작하다

458년

영원한 적도, 친구도 없다!

백제군은 371년 고구려 평양성까지 쳐들어가 고구려 왕인 고국원왕을 죽였어.

저기가 평양성이다. 공격하라.

백제에 대항 하겠느냐?

으앗!

고국원왕 죽는다!

나 장수왕, 선조의 원수를 갚겠다.

불끈!

475년, 장수왕이 백제의 수도인 한성을 침략해 개로왕을 죽이고 한강 유역을 빼앗아 고국원왕의 원수를 갚았어. 그러자 백제 문주왕은 웅진(공주)으로 수도를 옮기고 복수를 다짐했어.

신라야, 우리 좀 도와 줄래?

친구 아이가.

백제 성왕 때, 고구려가 독산성을 공격하자 백제는 신라에 도움을 요청하고, 나제 연합군은 고구려군을 물리쳤어. 이어 백제 성왕 등 나제 연합군은 551년 고구려군을 공격해 76년간 빼앗긴 한강 유역을 되찾았어. 기쁨에 젖은 성왕……,

고구려

꺼져!

한강유역

두고 보자, 고구려!

백제는 고구려 장수왕에게 수도 한성이 함락되고, 이 때문에 개로왕이 죽임을 당했어. 한성을 빼앗긴 백제는 문주왕이 수도를 웅진(지금의 공주)으로 옮기고 다시 한번 재기할 힘을 길렀어.

동성왕은 신라와 혼인 동맹을 통해 국력을 키웠고, 501년 무령왕은 즉위하면서 고구려와 말갈의 침입을 막고 중국 남조의 양나라와 외교를 통해 차차 힘을 키워 나갔어. 또한 지방의 담로에 왕족을 파견해 왕권을 강화하고 지방을 통제해 국력을 회복했어.

이어 성왕 때인 538년에 수도를 웅진에서 사비(지금의 부여)로 옮기고 국호도 남부여로 바꿨어. 노리사치계에게 일본에 불교를 전파케 하고, 중국 양나라에 사신을 보내 외교 관계를 지속했으며, 신라와 손잡고 고구려를 물리쳐 잠시 한강 유역을 다시 찾기도 하는 등 번영의 시대가 오는 듯했지. 하지만 신라 진흥왕과의 동맹이 깨지면서 신라와 관산성 전투에서 성왕은 전사하고, 결국 백제는 재기하지 못한 채 점점 쇠퇴하고 말았어.

475년 백제, 웅진 시대

무령왕(재위 501~523년) 백제 25대 왕으로, 안으로는 웅진 천도 이후 혼란해진 정국을 신진 세력과 구세력 간의 조화로 안정시키고 22개 담로에 왕족을 파견해 왕권을 강화했다. 밖으로는 고구려와 말갈을 견제하고 중국 남조의 양나라와 긴밀한 관계를 유지했다. 1971년 공주에서 발굴된 무령왕릉에는 웅진 시대 백제 유물들이 발견되었다.

성왕(재위 524~554년) 백제 26대 왕으로 부여로 수도를 옮기고 국호를 남부여로 하였다. 중국 남조의 양나라로부터 열반경과 시경에 능통한 모시박사 등을 들여와 문화 부흥에 힘을 썼으며 노리사치계를 일본으로 보내 불교를 전했다.
신라와 동맹을 통해 고구려의 한강 유역을 탈환했으나 다시 신라가 이 지역을 점유하자 신라와 전쟁, 관산성 전투에서 패하여 전사하고 말았다.

노리사치계 백제 성왕 30년인 552년 일본에 최초로 불교를 전파한 백제 귀족으로, 금동석가불상 1구와 미륵석불 1구, 불경 약간을 전해 주었다.

백제 | 타도, 고구려! | 신라

백제 수도인 한성이 함락되고, 문주왕이 웅진으로 천도
475년

475년 ▶▶▶ 519년

476년 서로마 제국 멸망

신라, 백결 선생이 〈방아타령〉 짓다
479년

481년 프랑크 왕국, 메로빙거 왕조 시작

백제 동성왕, 신라와 결혼 동맹
493년

395년 로마가 동서로 분열되고, 약 100년 만인 476년에 지금의 서유럽 지역인 서로마가 멸망하면서 게르만족의 시대인 중세가 시작됐어.

게르만족은 로마 제국 때 야만족이라고 멸시를 받았으나 이 시기에 역사의 주인공으로 등장하게 돼. 라틴 민족의 로마 제국에서 게르만족 중심 시대가 열린 거지. 하지만 중세 시대는 유럽 역사의 암흑기라고 할 정도로 문화와 예술, 정치 등에서 어지러운 시대였어. 이런 중세 시대는 1000여 년 이어지다가 1400년대에 잊혀진 그리스, 로마의 고전 문명을 기억하는 르네상스 시대가 등장하면서 막을 내리게 돼.

476년
서로마 제국 멸망, 중세의 시작

이제 우리 게르만의 세상이다!

제국의 멸망

376년 로마 제국, 국경이 유난히 시끄러웠다. 게르만족의 하나인 서고트족이 계속해서 자신들을 로마 영토 안에서 살게 해 달라고 했기 때문이다. 하는 수 없이 발렌스 황제는 이들을 로마 안으로 들어 오도록 하는데, 이들은 로마에 살면서 점점 세력을 키워 나간다.

로마 군사들 중 많은 수가 이들로 채워진다. 심지어 이들은 군대에서 로마인 장교들에게 착취를 당하자 폭동을 일으키고, 황제까지도 살해한다. 이렇게 로마 안에서의 이들은 당당한 자리를 차지하게 된다.

한편 395년 로마가 동서로 분리된 후 동로마 제국에서는 서고트족 출신들이 로마인들로부터 핍박을 받는다. 그러다 서고트족의 알라리크는 자신들의 군대와 함께 서로마로 돌아오는데, 국경에서 로마 군대에 의해 제지를 받는다.

하지만 이미 서로마 제국은 다른 게르만족, 즉 동고트족이나 반달족에 의해 자신들의 관할지들이 유린되기에 이른다. 로마는 이제 더 이상 제국을 이끌 힘을 상실하게 된다.

마침내 국경 근처에서 때를 노리던 알라리크는 410년 로마를 점령해 버린다. 그리고 로마를 마음껏 짓밟고 떠나 남부 갈리아 지방과 히스파니아에 정착한다.

이제 마지막 생명선만 유지하던 차에, 476년 서로마의 마지막 황제 아우구스툴루스는 게르만족의 하나인 스킬족의 오도아케르에게 황제 자리를 빼앗기고 만다.

오도아케르는 이탈리아 왕에 오르고, 마침내 1000년을 이어온 서로마 제국이 멸망한다. 하지만 오도아케르 역시 동로마 제국의 사주를 받은 라벤나의 왕인 동고트족의 테오도리쿠스에게 패해 죽고 만다.

게르만족인 테오도리쿠스가 동로마 제국 황제의 지원을 받은 오도아케르를 죽이고 이탈리아에 세운 나라

백제 무령왕 즉위

신라 지증왕, 국호를 '신라', 존호를 마립간에서 '왕'으로 호칭

신라 장군 이사부, 우산국 정벌

신라, 시호법 시행

493년
동고트 왕국 건설

500년
인도, 아잔타 석굴이 개굴되다

501년

503년

512년

512년

피, 피가 흰색 이다!

520년
신라 법흥왕, 율령 제정

신라 23대 왕인 법흥왕은 아버지인 지증 왕의 여러 활동을 토대로 신라를 중앙 집 권적인 체제로 만든 왕이야.

법흥왕 4년인 517년에 군사를 담당하는 병부를 신라에서 처음 만들었고, 520년에 는 율령을 선포하고 백관의 공복을 정했어. 528년에는 이차돈의 순교로 신하들의 반대에 도 무릅쓰고 불교를 공인했으며, 이듬해에는 살 생을 금지하는 영을 내리기도 했어.

또한 신라 최초로 건원이란 연호를 사용하는 등 지증왕에 이어 국가의 기틀을 세우고 신라 의 왕권을 확립하는데 기여를 한 왕이지. 그 래서 다음 왕인 진흥왕 때 신라는 전성기를 맞았어.

 지증왕 64세라는 고령으로 즉위한 지증왕 은 15년간 왕위에 있으면서 신라를 한 단계 도약하게 만든 왕이었다.
신라 22대 왕으로 칭호를 마립간에서 왕으로 바꾸었 으며, 나라 이름을 신라로 바꾸었다.
순장법을 없애고 우경법을 실시했으며, 전국의 주, 군, 현을 정하였고, 이사부에게 울릉도를 정벌케 하 는 등 왕성한 활동을 한 왕이었다. 또한 죽은 뒤에는 지증이란 시호를 받았는데, 신라에서는 처음으로 시 행된 시호법이었다.

⚔️ **삼국의 율령 제정** 백제는 고이왕 때인 260년에, 고구려는 소수림왕 때인 373년 에, 신라는 가장 늦은 법흥왕 때인 520년에 실시했 다. 백제가 삼국 중에 가장 빨리 율령을 제정했는데, 중국과 교류하면서 율령이 나라를 통치하는데 효율 적이라는 사실을 빨리 알았기 때문이다.

이차돈 법흥왕의 측근으로 신라 불교를 위 해 최초로 순교한 인물.
법흥왕이 불교를 들여오고자 했으나 신하들의 반대 로 어려움을 겪자, 이차돈은 "도(道)만 행하게 된다 면 죽어도 상관없다."고 하여 불교를 위해 자신을 희 생하겠다고 법흥왕을 설득 했다. 그러면서 만일 부처 가 있다면 자신이 죽은 뒤 이적이 나타날 것이라고 했 는데, 실제로 이차돈의 목 을 치자 피가 흰 젖과 같았 고 하늘에서 꽃비가 내려 불교를 반대하던 신하들이 다시는 불교를 비방하지 않 았다고 한다.

이차돈 비

475년 ▶▶▶ 519년

신라 법흥왕, 율령을 반포하고 공복 제정
520년
영국, 아서와 원탁의 기사 활약

백제 시호법 시행, 성왕 즉위
523년

백제 성왕, 무령왕릉을 만들다
525년

중세 유럽 사회는 신분제에 의한 봉건제 사회였는데, 그 중에 '기사'라는 직위는 평민들에게 꿈을 불러일으켰지.

아서왕에 관한 이야기는 역사가인 넨니우스에 의해 처음 알려졌는데, 아서는 5, 6세기 브리튼 섬을 침략한 색슨족을 물리친 영국의 영웅으로 묘사되어 있어. 그리고 그를 따르는 12명의 원탁의 기사와 함께 성배의 전설이 결합돼, 아서왕 이야기는 영화로도 제작되는 등 아주 재미있는 이야깃거리가 되었지. 틴타겔의 골로이스 공작 부인과 유터 팬드래건 사이에서 태어난 아서는 곧바로 마법사인 멀린에게 보내지고, 멀린은 아서를 기사인 액터에게 맡겼어. 아서는 16세 때 바위에 박혀 있던 전설의 명검 엑스칼리버를 뽑아 브리튼의 왕위에 올랐어. 랜슬롯, 가웨인, 트리스탄 등 기사들은 충성과 용기, 관용과 헌신으로 똘똘 뭉친 기사도 정신으로 아서왕을 도와 왕국을 이끌어가게 돼. 영국인들 중에는 언젠가 아서가 다시 나타나 어려움에 처한 자신들의 나라를 구할 것이라 믿기도 한대.

520년
영국, 아서왕과 원탁의 기사

기사도 정신 중세 기사들은 기사 서임식에서 용기, 성실, 명예, 예절 등을 갖추어야 함을 맹세해야 했는데, 특히 예절이란 여성들을 지키고 보호해야 할 것도 포함하고 있었다. 이는 당시에 귀족이나 부자들의 여성들을 지키기 위해서는 기사의 품행이 성실해야 했다는 것을 뜻한다.

원탁의 기사 흔히 12명의 기사들이 원탁에 둘러 앉아 왕에게 충성하고 서로를 돕겠다는 맹세를 했다고 하여 이들을 원탁의 기사라고 했다. 원탁에 앉는 기사들은 누구나 평등하며 지위나 계급이 동등했다고 하는데, 원탁의 기사 중에는 최강의 기사로 아서왕의 왕비인 귀네비어를 끝까지 지키는 호수의 기사 랜슬롯, 아서왕의 조카이자 왕의 측근에서 싸우는 가웨인, 순수하면서 갤러헤드, 보호트와 함께 성배를 발견한 퍼시벌, 랜슬롯의 아들이자 완벽한 기사인 갤러헤드 등이 유명하다.

수건 돌리기나 할까?

신라 법흥왕, 이차돈의
순교로 불교를 공인하다

527년
비잔틴 제국의
유스티니아누스 황제 즉위

528년

532년
금관가야의 멸망

아티스트 우륵이에요! 와우!

오예

가야는 기원 전후에 낙동강 주변에 세워진 여러 작은 국가들을 이르는 말로, 42년 수로왕이 구야 9간의 추대를 받아 세운 국가가 금관가야야.

이 지역에는 대가야, 아라가야, 고령가야, 성산가야, 소가야 등도 같이 있었는데, 그 중에 금관가야는 당시 화폐로 쓰이는 철을 많이 생산했어. 또한 지리적으로도 해안에 있어 중국, 일본 등과 교류도 많았지. 이 때문에 중계 무역이 발달해 다른 가야들과의 연맹에서 맹주 역할을 할 수 있었어.

하지만 광개토왕의 남하 정책으로 금관가야는 위축되었고, 그 자리를 대가야가 이어 받았어. 그러다 532년 금관가야의 구형왕은 신라 법흥왕에게 항복했으며, 대가야도 30년 후인 562년 신라의 이사부와 사다함에게 패하면서 500여 년 존속된 가야는 역사 속으로 사라지고 말았어.

우륵 대가야 출신의 음악가. 대가야의 가실왕이 12현금을 만들어 우륵에게 12달을 상징하는 음률로 곡을 짓게 했는데, 신라 진흥왕 때인 552년에 대가야가 혼란해지자 우륵은 신라로 귀순했다. 이 때 가지고 온 12현금을 가야에서 가지고 왔다고 해서 가야금이라 했으며, 우륵은 신라의 계고, 법지, 만덕 등 세 명에게 각각 가야금과 노래, 춤을 가르쳤다고 한다.
우륵이 신라로 귀순한 후 정착한 충주에는 그가 가야금을 연주했다는 데서 유래한 탄금대가 있다.

수로왕 전설 일연의 〈삼국유사〉 가락국기에 실린 이야기로, '지금의 김해 지역에는 구간(9명의 족장)이 부족을 다스리고 있었다. 42년 봄 구지봉에서 이상한 소리가 들리기를, "하늘이 내게 이 곳에 왕이 되라고 명하였으니 너희들은 '거북아, 거북아, 네 목을 내 놓아라, 그러지 않으면 너를 구워 먹겠다.'고 노래를 불러라" 라고 하자, 구간들이 그대로 했더니 황금알 6개가 들어 있는 상자가 내려왔다. 12일 후 알에서 어린 아이가 나오니, 이들 중 가장 먼저 나온 아이가 후에 금관 가야의 시조인 '김수로' 라는 것이다.

거북아, 거북아! 네 목을 내밀어라!
그러지 않으면 구워서 먹으리!

532년
▶▶▶
551년

금관가야의 구형왕, 신라에 항복
532년

신라 법흥왕, 최초로 '건원' 이란 연호 사용
536년

537년
콘스탄티노플에 성 소피아 성당 건축

백제 성왕, 사비성으로 수도를 옮기고 국호를 남부여로 하다
538년

세계 4대 건축물 중의 하나인 성소피아 성당은 비잔틴 제국의 황제인 유스티니아누스 때인 532년 건축을 시작해 6년만인 537년에 완공됐어.

원래 360년 콘스탄티누스 2세 때 처음 지었던 것을 이 시기에 완전히 새롭게 재건했는데, 주로 황제 대관식이나 전쟁 승리를 기념하는 장소 등으로 사용됐지.

화려한 내부 모자이크와 프레스코화 등으로 유명했으나, 726년 레오 3세 황제 때 성상금지령으로 많은 작품들이 파괴되었고, 십자군 전쟁 때는 많은 작품들이 약탈되는 등 고난을 겪기도 했어.

비잔틴 제국이 오스만 제국에게 멸망하자 성소피아 성당은 이슬람의 모스크로 바뀌었다가 지금은 박물관으로 사용되고 있어.

537년 성 소피아 성당 건축

유스티니아누스 황제 527년 황제에 올라 39년간 비잔틴 제국을 다스리면서 카르타고와 이탈리아, 에스파냐 남부 지방 등을 정복하는 등 비잔틴 제국의 전성기를 열었다.
그가 다스리던 시대에 반포한 각종 법령을 모은 로마법대전(유스티니아누스 법전)이 유명하다.

성상금지령 비잔틴 제국의 황제인 레오 3세가 비잔틴 제국을 다스릴 당시, 제국은 이슬람과 대립이 심했던 시기다. 교황은 게르만인들에게 기독교를 전파하기 위해 우상을 만들어 이용한 반면 이슬람은 우상 숭배에 반대했다.
레오 3세는 교황을 견제하기 위해서도 우상을 금지할 필요가 있었다. 이에 726년 레오 3세는 우상 숭배를 금지하는 성상금지령을 내렸으며, 이후 100여 년에 걸쳐 우상 숭배의 논쟁이 일어났다.

술탄 아흐메드 모스크 1609년 오스만 제국의 14대 술탄인 아흐메드가 성소피아 성당을 보고 이보다 더 아름답게 지으라고 명령, 8년만인 1616년에 완공한 터키의 대표적인 이슬람 사원. 사원 안을 녹색과 파란색으로 장식했다고 해서 '블루 모스크'라 불린다.

신라 진흥왕 즉위
540년

신라 거칠부 등이
《국사》 편찬
545년

신라 24대 왕인 진흥왕은 그 동안 지금의 경상도 지역에 한정된 신라의 영토를 서쪽으로는 한강 유역으로, 동북쪽으로는 함경도까지 넓힌 왕이야. 낙동강 유역의 가야를 완전히 병합하고, 화랑 제도를 만들어 나중에 삼국 통일의 기반을 닦았어.

신라의 정복 군주인 진흥왕은 재위 기간(540~576년) 동안 새로 개척한 땅에 순수비를 세웠는데, 지금까지 창녕, 북한산, 황초령, 마운령 순수비 등 4개가 발견됐어.

진흥왕 순수비에는 신라의 영토와 신하들의 이름과 소속, 관직 등을 표기하고 있는데, 이는 당시의 정치 제도나 문자 등을 연구하는 데 좋은 자료가 되고 있어. 조선 후기 추사 김정희는 진흥왕 순수비를 발견해 당시의 제도, 관직, 지명 등을 밝히는 금석문 자료로 연구하기도 했지.

555년
신라,
진흥왕
순수비

🟡 **금석문** 금속으로 만든 물건이나 도구 등에 새겨진 문자인 금문과 돌이나 비석 등에 새겨진 문자인 석문을 합쳐 금석문이라 하고, 고대로부터 내려온 금석문을 연구하고 해석하는 학문을 금석학이라 한다. 우리 나라에서는 추사 김정희를 금석학의 시조로 여긴다.

🟡 **단양신라적성비** 신라 진흥왕 때 고구려 영토였던 적성 지역을 점령한 후에 지역 민심을 안심시키기 위해 세운 비로, 총 440여 자로 되어 있다. 신라에 충성한 적성인을 포상하고 앞으로도 신라에 충성하는 자에게 포상하겠다는 것이 주요 내용.

🟡 **화랑 제도** 진흥왕 때 몸과 마음을 단련하고 국가에 봉사하기 위한 수련 단체로 미소년을 뽑아 화랑으로 삼고, 그 아래 낭도들을 모아 조직한 제도. 15세 전후의 청소년들로 조직된 화랑도들은 전국의 큰 산과 강을 돌며 무예를 익히다가 나라에 전쟁이 일어나면 전투에 참여했다.

원광법사는 다섯 가지 규율을 만들어 화랑들이 지키도록 했는데 이를 세속 오계라고 했다. 첫째는 사군이충, 임금에게 충성하고, 둘째는 사친이효, 부모에게 효도하며, 셋째는 교우이신, 친구와 믿음으로 사귀고, 넷째는 임전무퇴, 전쟁에서 후퇴하지 않으며, 다섯째는 살생유택, 살리고 죽이는 것을 가려서 해야한다는 것이다.

모양 적성비

나두 나두.

화랑이 되려면 얼굴부터 고쳐라.

샤방

두 명의 화랑이 서, 상서 등 유교 경전을 습득하며 국가에 충성할 것을 맹세한 돌. 총 5행, 74자의 우리말식 한문체가 새겨 있다. 경주에서 발견되었다.

552년
▶▶▶
611년

임신서기석이 만들어지다
552년
돌궐 건국
(~744년)

나제 동맹이
깨지다
553년

진흥왕, 북한산
순수비 세우다
555년
동로마, 동고트 왕국을
멸망시키다

오늘날 터키의 민족을 이루는 튀르크 족의 한자음을 돌궐이라 해. 6세기에서 8세기에 걸쳐 서쪽으로는 카스피해에서 동쪽으로 북만주에 이르기까지 광활한 초원을 제패한 유목 민족이야.

돌궐은 중국 대륙과 맞닿아 있으면서 중국 왕조의 흥망 성쇠에 따라 나라가 흥하기도 하고 쇠퇴하기도 했지. 돌궐의 부민(土門)은 유연을 멸망시키고 초대 군주에 올라 이리가한(나라를 건설한 군주라는 뜻)이라 불렸어. 그러다 572년 목간가한이 죽으면서 내분으로 동, 서로 나뉘어 동돌궐은 몽골 고원 지역에 정착했다가 744년 위구르에 멸망됐어.

서돌궐은 중앙아시아 지역에서 한창 세를 떨치며 동로마의 콘스탄티노플을 포위하기도 했어. 그러다 657년 당나라가 서돌궐의 사발라가한을 생포해 영토를 2개로 나누어 도호를 설치해 다스렸어.

552년
돌궐 제국 건국

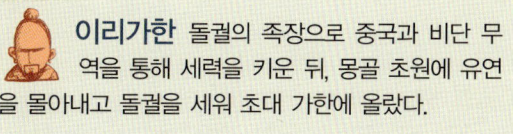

이리가한 돌궐의 족장으로 중국과 비단 무역을 통해 세력을 키운 뒤, 몽골 초원에 유연을 몰아내고 돌궐을 세워 초대 가한에 올랐다.

신라, 대가야를 병합하다
562년

솔거, 황룡사 벽화 그리다
566년

무함마드 탄생
570년

북주의 양견, 수나라 건국
581년

양견, 남조의 진을 멸망시키고 통일을 이루다
589년

고구려 영양왕, 말갈 병을 이끌고 요서 공격, 수나라와 갈등
598년

고구려 담징, 일본 호류사 금당벽화 그리다
610년
무함마드, 꿈에 계시를 받고 이슬람교 창시

고구려, 백제, 신라의 세 나라는 서로 지리적 특성과 생활 환경이 많이 다른 만큼 문화의 성격에도 차이가 있었어. 거친 산악이 많은 고구려는 남성적이며 웅장한 성격을 가졌고, 백제는 넓은 평야와 강을 끼고 있어 부드러우면서도 화려한 게 특징이야. 신라는 반도 오른쪽에 치우쳐 있으면서 외부와 교류가 적어 독자적인 조각과 공예품들이 많아.

삼국의 문화

고구려의 문화

중국과 접해 있던 고구려는 일찍부터 거친 산악과 넓은 들판을 누비며 말을 타고 요동 정벌의 강인한 기상과 웅대한 꿈을 펼쳐 나갔어. 고구려 고분 벽화에서는 이러한 고구려 문화의 특징을 잘 엿볼 수 있지.

무용총 수렵도 5세기초에 만들어진 고구려의 고분으로 오른쪽 벽면에 그려진 벽화인 수렵도는 말을 타고 달리며 활로 동물을 사냥하는 그림이야. 고구려인의 생활과 활기찬 기상을 잘 나타내는 그림이야.

사신도 중국 한나라와 남북조 시대 때 유행했으며, 청룡, 백호, 주작, 현무 등 사신(四神)을 그린 그림으로 이들 네 신이 고구려를 사방에서 지키고 있다고 고구려인들

담징(579~631년) 고구려의 승려. 영양왕 때 일본으로 건너가 불경을 가르치고 쇼토쿠 태자가 건립한 호류사의 금당에 벽화를 그렸다. 하지만 세계에서 가장 오래된 목조 건물로 알려져 있는 금당에 그린 그의 벽화는, 아쉽게도 1949년 불에 타 버렸고 지금은 모사본이 그 자리를 대신하고 있다.

야성의 상징, 고구려!

은 믿었어. 북한의 남포시에 있
는 강서대묘의 사신도가 그 중에
가장 뛰어나다고 해.

고구려의 불상 고구려는 불상 등
조각품들이 적은 편이지만, 경남 의령에
서 발견된 금동여래입상은 연대가 알려진 고구
려 불상 중 가장 오래된 539년의 것으로 추정하고 있어.
이 불상은 몸통에 비해 커다란 광배가 특징이
야. 또한 금동미륵반가상은 현재 유일한
고구려의 반가상으로 신라와 백제
의 반가상과 비슷한 모습을 갖고
있어.

10

백제의 문화

넓고 기름진 평야와 강을 끼고 있던 백제는 일찍부터 중국의 문물을 접하면서 귀족적이면서 부드럽고 화려한 불교 문화를 꽃피웠지.

백제금동대향로 1993년 부여 능산리 절터에서 발견된 백제의 대표적인 향로로 국보 287호로 지정되어 있어. 높이 64cm, 무게 11.8kg의 대형 향로로 금동용봉봉래산향로라고도 해.
봉황 장식과 뚜껑, 몸체와 받침대 등 크게 4부분으로 구분되어 있어. 뚜껑에는 5인의 악사와 무인상 등 16인의 인물상, 봉황과 용 등 상상의 동물과 39마리의 각종 동물들이 23개의 산과 어우러져 조각되어 있어 아주 아름다운 모습을 나타내고 있어.

정림사지 5층 석탑 백제의 사비 시대에 만들어진 석탑으로 익산 미륵사지 석탑과 함께 백제 시대 대표적인 석탑이야. 백제 5층 석탑이라고도 해. 8.4m의 높이로 단순하면서도 균형미가 잡혀 있어 석탑의 전형적인 모습이지. 국보 제9호로 지정되어 있어.

거친 고구려와 달리 백제의 예술품은 우아하당게.

서산 마애삼존불상 국보 제84호인 백제의 대표적인 마애 석불로, 가운데는 석가여래상이, 오른쪽엔 보살상, 왼쪽엔 반가사유상이 조각되어 있어. 불상의 입가에는 은은한 미소가 흐르고 있어 흔히 '백제의 미소' 라고 부르고 있지.

무령왕릉 백제 25대 왕인 무령왕과 왕비의 무덤으로 후기 백제의 다양한 유물이 출토되었어. 총 108종 2906점의 유물이 출토되었는데 왕과 왕비의 신라인은 섬세하고 소박하다 아이가.

각종 장신구와 함께, 왕의 권위를 상징하는 용과 봉황이 새겨진 큰 칼인 용봉문대도가 출토되었어. 이밖에 국보 161호인 청동신수경 3점과 은잔 등이 함께 발견되어 백제 후기의 공예품들을 잘 보여주고 있어.

익산 미륵사지 석탑 삼국 시대 탑의 재질이 목탑에서 석탑으로 옮겨 가던 시기에 만들어진 석탑으로 현재 우리 나라에서 가장 오래되고 커다란 석탑이야. 정림사지 5층 석탑과 함께 현재 남아 있는 2기의 백제 석탑 중 하나인 미륵사지 석탑은 백제 무왕이 당시에 어려웠던 백제인들의 생활을 이겨내기 위해 세운 것으로, 현재는 6층까지만 남아 있으며 국보 11호로 지정되어 있어.

황룡사 9층 목탑을 세워라!

신라의 문화

반도의 오른쪽 끝에 위치한 신라의 수도 경주를 중심으로 신라의 고분에서 출토된 유물 등에서 섬세한 금 세공 기술이 발달했음을 알 수 있어. 각종 토우 등에서는 소박한 아름다움을 느낄 수 있어, 이들의 조화로운 문화가 신라의 문화를 특징짓는다고 할 수 있지.

대릉원 경주시 황남동 일대에 있는 고분군으로 신라 13대왕인 미추왕이 대릉에 묻혔다고 해서 대릉원이라 하는데 미추왕릉, 천마총, 황남대총 등 총 30기의 고분이 있는 곳이야.

돌무지덧널무덤 형식의 내부 무덤을 볼 수 있는 경주의 천마총

천마총 대릉원에서 유일하게 공개된 고분이야. 돌무지덧널무덤의 형식을 띤 내부의 모습을 직접 볼 수 있지. 이 곳에서 발굴된 각종 유물들은 국립경주박물관에 보관, 전시되고 있어. 금관과 금허리띠, 금장식물 등과 함께 다른 고분에서 볼 수 없는 천마도가 그려진 장니(말 탄 사람에게 진흙 등 이물이 튀지 않도록 말의 배 아래에 대는 장식물)가 발견되어 신라인들의 그림을 엿볼 수 있어.

황남대총 높이 23m, 남북 길이 120m로 대릉원의 고분 중 가장 규모가 크며 쌍봉으로 되어 있어. 남쪽 무덤에서는 60대 남자 유골과 은관, 각종 무기류, 토기류와 함께 여자 유골이 발견되어 순장의 풍습이 아직 남아 있었음을 짐작케 해. 북쪽 무덤에서는 금관과 신라 고분 중 금으로 만든 장신구들이 가장 많이 발견되었어. 부인대라고 쓰여 있는 장신구가 있어 남쪽 무덤은 남자 무덤, 북쪽 무덤은 여자의 무덤임을 알 수 있지.

미추왕릉 신라 최초로 김씨 성을 가진 왕으로 김알지의 7세손이야. 백제의 공격을 막아 내고 농업을 장려한 왕으로, 그의 무덤에서 귀에 대나무잎을 꽂은 죽엽군이 나타나 적을 물리쳤다고 해서 죽현릉이라고도 해.

황룡사 9층탑 황룡사는 신라 24대 왕인 진흥왕 때인 556년에 지은 절로, 처음에 궁궐을 지으려다 땅에서 황룡이 나왔다고 해서 대신 절을 짓고 이름을 황룡사라고 했지. 645년 승려인 자장의 건의에 따라 선덕여왕은 백제인 아비지에게 탑을 만들게 하여 높이 66m의 나무탑을 완성했어. 고구려가 신라를 침범하려다 진평왕의 천사옥대, 황룡사의 장륙존상과 황룡사 9층탑 등 세 가지 보물 때문에 포기했다고도 해.

9개의 각 층은 주변의 나라를 뜻하는데, 탑을 세워 이들로부터 침입을 막을 수 있다고 믿었어. 하지만 황룡사 9층탑은 여러 번 벼락을 맞아 다시 지었다가, 고려 때 몽골의 침략으로 완전

히 불타 아직까지 복구되지 못했어.

분황사 선덕여왕 3년인 634년에 건립된 절로 원효 대사가 불교 대중화에 힘쓰던 곳이야. 지금은 절은 없어진 채, 돌을 벽돌같이 만들어 쌓아 올린 국보 30호인 분황사 모전탑과 원효대사의 비석 받침인 화쟁국사비 비석대, 석정 등 여러 유적들만 남아 있어. 한 눈먼 아이가 분황사 왼쪽 전각에 있었던 천수대비의 그림을 보며 눈을 뜨게 해 달라고 빌었더니 눈이 떠졌다는 이야기가 전해지지.

얼굴무늬 수막새 흔히 신라의 미소라 불리는 수막새로 신라의 소박한 아름다움이 미소에 어려 있어. 수막새란 수키와의 끝을 말해.

토우 신라에서만 발견되는 흙으로 빚은 인형이야. 주로 무덤의 부장품으로 만들어졌는데 풍요와 다산을 기원하는 주술적 의미가 들어 있지. 이러한 토우의 생김새를 통해 1500여 년 전 신라인의 정신 세계와 당시의 생활 모습 등을 엿볼 수 있어.

자장(590~658년) 신라의 승려로 선덕 여왕 때 나라 안팎으로 어려움에 처하자, 신라가 불국토임을 역설하고 석가의 사리를 봉안한 황룡사 9층 목탑을 세울 것을 건의하였다.

612년
살수 대첩

중국은 한나라 멸망 이후 위, 오, 촉의 삼국 시대와 5호 16국 시대를 거쳐 남북조에 이르기까지 긴 혼란의 시기를 끝내고, 581년 수 문제인 양견의 수나라가 전국을 통일했어.

중국의 통일로 수와 국경이 닿아 있던 고구려는 위협을 느꼈어. 실제로 수 문제는 30만 군대를 이끌고 고구려를 침략했으나 패해 물러났어.

이후에도 수나라는 고구려를 엿보고 있다가, 2대 황제인 양제 때인 612년 100만 대군으로 바다와 육지로 고구려를 침략했어. 을지문덕 장군과 고구려군은 수비 전략으로 성을 굳게 지키고 있다가, 철수하는 수나라의 군대를 살수에서 대파했어. 이 때 30여 만 명의 수나라 군사 중에 살아가 돌아간 병사는 2700명에 그칠 정도로 역사상 최대의 승리를 거두었지.

그 후 613년, 614년에도 계속해서 수나라는 군대를 보냈으나 고구려에 패해, 마침내 618년 수나라는 망하고 중국에 당나라가 들어서게 돼.

살수에서 너희들이 살 수 있을 것 같냐?

612년 ▶▶▶ 625년

을지문덕 고구려 영양왕 때의 장수로, 수나라 군대가 평양성을 공격하자, 거짓 항복을 하고 적의 진지에 들어가 적의 동태를 살피기도 하였다.
수나라 군대는 고구려의 청야 전술(적에게 도움이 될 만한 시설이나 식량을 모두 없애면서 후퇴하는 것)로 굶주림에 지쳐 있는 것을 알고, 적의 장수인 우중문에게 유명한 '여수장우중문시(與隋將于仲文詩)'를 써서 보냈다. 우중문은 을지문덕에게 속은 것을 알고 철수하다가 살수(지금의 청천강)에서 결국 몰살당하고 말았다.

수 문제(재위 581~604년) 남북조 시대 북주의 마지막 황제인 정제로부터 황위를 물려받아 황제에 올랐다. 589년 남조의 진나라를 멸망시키고 중국을 통일, 수나라를 건국하였다.
과거제와 백성들에게 토지를 균등하게 나누어주는 균전제를 실시했다. 세금을 줄이는 등 선정을 베풀었고, 자신 역시 근검한 생활을 했으나, 후계자 책봉에 실패해 결국 아들인 수 양제의 측근에게 암살당하고 수나라는 618년 멸망되어 37년이란 짧은 왕조로 단명하고 말았다.

을지문덕, 수나라 군사 30만 명을 살수에서 궤멸시키다
 612년

613년 수나라가 고구려 요동성을 공격했으나 곧 철군

수나라 양제의 계속되는 고구려 원정 실패와 대운하 건설 등 무리한 토목 공사로 중국은 전국에서 반란이 일어났어. 그 중에 수의 태원유수로 있던 이연은 군사를 일으켜 수의 도읍인 장안(지금의 서안)을 점령하고 당나라를 세웠어.

당의 정치 제도로는 중앙에는 3성과 6부, 지방에는 10도를 두고 도 밑에 주와 현을 두었어. 도에는 순찰사를, 주와 현에는 각각 자사와 현령을 임명하여 이들이 다스리게 했지.

토지와 군사 제도로 균전제와 부병제를 실시해 토지를 백성들에게 공평하게 분배하고, 토지를 지급 받은 백성들에게 병역을 부과하여 농한기를 이용해 교대로 징집하도록 했어. 조세 제도로는 수나라 때부터 이어 온 조용조 제도를 실시했는데, 토지와 사람, 집에 부과 하는 조세 제도로 곡물과 노동력, 특산물 등을 징수했어.

618년 당나라 건국

술과 자연, 그리고 이백 자네의 시가 있으니 신선 놀음이 따로 없구만!

이백(701~762년) 두보와 함께 중국 최고의 시인으로 불리는 당나라 때 시인으로 시선(詩仙)이라고 한다.

두보의 시가 인간 지향의 성실함을 바탕으로 한 묘사라고 한다면, 이백의 시는 신선과 도가의 내용을 그 바탕으로 하고 있다. 따라서 그에게 술은 자신의 시적 감흥을 불러 일으키는 매개 수단이 되었고, 그래서 일설에는 술에 취해 연못에 비친 달을 잡으려다 죽었다는 이야기도 있다. 그의 유명한 시 〈산중문답〉에서 이러한 그의 시세계를 잘 엿볼 수 있다.

균전제 중국 북위 이후 북제, 북주, 수, 당 등 북쪽 왕조 중심으로 시행되었던 토지 제도. 귀족들의 토지 사유화를 막고 농민들이 유랑하는 것을 방지하기 위해 국가에서 일정 나이 이상의 백성들에게 토지를 나누어 주는 것으로, 후에 당나라에서는 토지를 받은 농민에게 병역을 부과하는 부병제와 서로 연계되었다.

두보(712~770년) 시성(詩聖)으로 불리는 당나라 때 시인. 일상 생활에서 제재를 따 인간의 심리와 자연의 숨은 감동을 찾아내 글로 표현한 시인으로 이백과 함께 중국 최고의 시인으로 평가 받는다.

황제가 안사의 난을 피해 있다가 돌아가는 길을 묘사한 장편시 〈북정〉이 유명하고, 〈삼리삼별〉〈병거행〉 등 수많은 시를 남겼으며, 특히 그의 시는 시로 엮은 역사라는 뜻에서 '시사(詩史)'라고도 한다.

허허! 나라가 어찌 되려고…

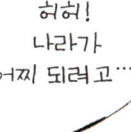

고구려와 당나라 포로 교환

618년
수 양제가 피살되고 수나라 멸망. 이연이 당나라 건국

622년
무함마드, 메카에서 메디나로 옮기다(헤지라, 이슬람 기원)

624년
당나라 관제를 제정하고 율령 반포

영양왕

고구려 26대왕인 영양왕은 재위 기간(590~618년) 내내 수나라와 긴장 관계 속에서 고구려를 지켜낸 왕이야. 수나라는 영양왕이 버티고 있던 고구려를 극복하지 못하고 결국 멸망의 길로 들어서고 말았지. 영양왕 역시 수나라의 멸망을 바라보며, 그 해 가을에 눈을 감았어.

내가 있는 한 고구려는 건재해!

수나라

요서

피융

요서를 정벌하라!

영양왕 초기엔 수나라와 잘 지냈으나, 수나라가 점차 주변 나라들을 괴롭히자 영양왕은 수나라에 선제 공격을 하기로 마음먹었어.
하지만 국내의 귀족들이 반대하며 군사를 내놓지 않자, 영양왕은 평소 친하게 지내던 말갈 군사 1만 명을 이끌고 수나라 요서 지역을 침공했어.

그러자 수의 황제인 문제도 30만 대군을 이끌고 고구려를 공격했지만 실패하고 말았지.

고구려, 이 코딱지만한 나라가 감히 수나라를 공격해?

고구려

632년

최초의 여왕인 선덕여왕 즉위

신라 26대 왕인 진평왕에게는 아들이 없었어. 그래서 딸 덕만이 왕위에 올랐는데 이 왕이 우리 역사상 최초의 여왕인 신라 27대 왕 선덕여왕이야. 선덕여왕이 왕위에 오를 수 있었던 것은 성골의 남자가 없었기도 했지만, 여성이 왕위를 계승할 수 있을 정도로 남녀 차별이 크지 않았다는 것을 짐작할 수 있어.

하지만 647년 진덕여왕이 즉위할 즈음에 상대등 비담이 '여왕이 정치를 잘 못한다'고 하여 반란을 일으켰는데, 상류층은 여왕에게 불만이 있었던 것 같아. 선덕여왕은 재위 기간 동안 김춘추와 김유신 등 걸출한 신하와 삼국 통일 위한 기초를 닦았으며, 분황사와 황룡사 9층 탑을 세우고, 첨성대를 건립하는 등 많은 업적을 남겼어.

오냐.

김유신, 성심을 다하겠나이다.

첨성대 동양에서 가장 오래된 천문대로 선덕여왕 재위 시절에 만들어졌다. 음력으로 1년을 나타내는 362개의 돌을 쌓아 올렸으며 남동쪽으로 나 있는 창을 중심으로 아래는 돌로 채워져 있고 위로는 하늘을 향해 뚫려 있다.
하늘의 움직임에 따라 농사의 시기를 알 수 있고, 또한 국가의 길흉화복을 예언하는 점성술이 중시되었던 고대 국가의 특성상 첨성대는 중요한 역할을 했으리라 짐작된다. 하지만 첨성대가 평지에 만들어져 하늘을 관측하기에 적당하지 않다라는 점을 들어 천문대가 아닐 것이라는 주장도 있다.

지기삼사 (知幾三事) 선덕여왕이 재위 기간 동안 미리 알았던 3가지 일.
첫째는 당 태종이 빨간색, 자주색, 흰색의 모란꽃 그림과 씨앗을 보내 오자, 왕은 꽃 그림을 보고 향기가 없을 것이라고 했는데, 정말 꽃의 향기가 없었다는 것. 둘째는 한겨울에 개구리가 우는 것을 보고 백제군이 숨어 있는 것을 알아 군사를 보내 물리친 일. 셋째는 자신의 죽을 날을 미리 알아 낭산 남쪽의 도리천에 장사 지내도록 했는데, 진짜 그 날에 왕이 죽어 도리천에 장사지냈다고 한다.

우리 나라의 여왕 신라에는 선덕여왕 외에도 28대 진덕여왕, 51대인 진성여왕 등 세 명의 여왕이 있었다. 이후 우리 나라 역사에서 여왕이 등장하지 않았다.

626년
▶▶▶
644년

626년 당나라, 현무문의 변으로 태종이 즉위

고구려, 천리장성을 쌓기 시작
631년

선덕여왕 즉위
632년

634년 사라센, 전 아라비아를 통일

626년
현무문의 변으로 당 태종 즉위

626년 초여름 당 고조 이연의 둘째 아들인 이세민은 자기가 황제에 오르기 위해 쿠데타를 계획했어. 태자인 형 이건성과 동생 이원길이 자기를 죽이려 한다는 이유로, 자기가 먼저 이들을 없애야겠다고 했는데, 정말 그런 것인지는 확실치 않대. 아무튼 이세민은 부하인 장손무기, 두여회 등을 데리고 당나라의 수도인 장안성 현무문에 숨어 있다가 당 고조인 이연이 불러 궁으로 들어오던 이건성과 이원길을 죽이고 말았어. 자기의 형제들을 말이지. 그런 다음 그 해 8월 황제의 자리에 올랐어. 이 사람이 바로 당 태종이야.

비록 태종은 형제들을 죽이고 황제에 올랐지만 방현령, 두여회 등 지략이 뛰어난 신하들을 곁에 두고 정치를 했으며, 돌궐을 정복하고 이슬람 제국과 교류를 확대하는 등 외치에도 힘쓰는 등 중국 역사에서 성군으로 칭송 받고 있어. 그래서 태종이 다스리던 기간을 당시의 연호를 따서 '정관의 치(治)'라고 부르는데, '치'란 정치를 잘했다고 해서 붙이는 말이야.

우리 둘이 함께라면 두려울 게 없지!

방현령 두여회

방현령과 두여회 '정관의 치'를 연 재상. 방현령은 주로 계획을 짜는 두뇌형이며 두여회는 결단력이 뛰어나 둘이 협력하여 일을 잘 처리했는데, '방모두단', 각자의 장점을 살려 일을 잘 해결한다는 고사성어가 여기에서 나왔다.

정관의 치 당의 2대 황제인 태종의 치세 기간 동안 밖으로는 영토를 확장하고, 안으로는 방현령, 두여회 등을 등용해 인재를 양성하고, 민생이 안정되어 당이 크게 성장하게 된다. 이를 가리켜 당시의 연호를 써 정관의 치라고 한다.
하지만 당 태종이 죽은 후 매끄럽지 못한 후계 문제로 9남인 고종이 황제에 오르고, 후에 측천무후가 집권을 하면서 당나라는 혼란을 겪게 된다.

현무문

에잇, 내가 황제가 될 테다!

형제를 죽이다니!

고구려 연개소문, 영류왕을 죽이고 보장왕을 옹립하다	신라, 당나라에 군사 요청
642년	643년

영양왕을 이은 영류왕(재위 618~642년)과 당을 세운 당 고조는 집권 초기 서로 화친 정책을 쓰며 평화롭게 지냈어. 전쟁 포로를 서로 교환하기도 하면서 말이야. 그러다 당 태종이 왕위에 오르자, 세력 확장을 꿈꾸는 태종의 야망에 고구려는 긴장했어.

고구려는 당나라의 침입을 경계하면서 631년 천리장성을 쌓기 시작했지. 그리고 막강한 권력을 가진 연개소문은 화친을 주장하는 영류왕을 죽이고 보장왕을 세워 당과의 전쟁을 준비했어.

마침내 645년 당 태종은 군대 10만을 이끌고 고구려를 침입했어. 하지만 안시성 싸움에서 성주인 양만춘과 군사, 그리고 성민들의 필사적인 저항으로 패하고 물러났어. 당 태종은 안시성과 같은 높이의 토산을 쌓아 안시성을 무너뜨리려 했지만 오히려 고구려군에게 토산을 빼앗기고 수많은 사상자를 내며 후퇴했어.

645년
연개소문과 안시성 전투

양만춘 645년 고구려와 당나라의 1차 전쟁 때 안시성 성주. 당나라의 태종이 안시성 전투에서 패하여 물러갈 때 그의 방어 능력과 고구려에 대한 충정에 감탄해 비단 100필을 선물로 주었다는 일화가 전해진다.

연개소문 고구려 말기의 정치가이자 장군. 연개소문은 당나라와의 관계에서 강경책을 써야 한다고 주장, 영류왕과 귀족들의 화친 정책과 대립해 642년 영류왕을 죽이고 보장왕을 세웠다. 자신은 막리지가 되어 군사와 정치를 장악하고, 당나라와의 2차례에 걸친 전쟁을 승리로 이끌어 중국인들에게 두려움의 대상이 되었다.
하지만 그가 죽은 후 고구려는 온건파인 장남 남생과 강경파인 차남, 삼남인 남건, 남산 형제와의 불화로 쇠퇴하여 마침내 신라와 당 연합군에 의해 멸망하고 말았다.

이 당나라 녀석 들아! 거기 서라!

연개 소문 이다! 도망 쳐라!

〈대당서역기〉는 인도, 파키스탄 등 직, 간접으로 보고 들은 138개국의 풍물과 불교 관련 내용을 정리한 책이다.

645년
▶▶▶
659년

고구려, 안시성 전투에서 당나라를 물리치다
645년
일본, 다이카 개신 시작

첨성대 건립
646년
당나라 현장법사, 〈대당서역기〉 짓다

3세기 말, 일본에는 최초의 통일 정권인 야마토 정권이 세워졌어. 당시 일본에는 수십 개의 소국들이 있었는데, 한반도의 철을 유리한 조건으로 수입하기 위해 하나로 뭉쳐 만든 정권이 바로 야마토 정권이야.

최고 자리에는 오오키미(대군, 大君)가 있었고, 그 아래 귀족들이 토지와 백성들을 사유화해서 다스리고 있었지. 오오키미는 형식적으로는 최고 통치자였지만 귀족들의 세력이 강해 절대 권력을 갖기가 어려웠어. 6~7세기경 유력 귀족인 소가씨는 자신에게 유리한 오오키미를 옹립했는데, 이 때 쇼토쿠 태자가 등장해 정치 개혁을 단행했어.

593년 스이코 천황을 대신해 섭정한 쇼토쿠 태자는 603년 관직의 세습제를 폐지하고 능력이 있으면 승진이 가능한 관위 12계를 만들었어. 또 604년에는 천황에 복종하고 귀족을 공무원으로 만들어 행동에 제약을 가하는 헌법 17조를 만들었어. 쇼토쿠 태자의 개혁은, 그가 죽은 후 645년 일본 최초의 독자적인 연호인 다이카가 시작된데 이어 646년 천황의 칙령으로 발표된 개혁안으로 계승됐어. 개혁안의 핵심은 토지와 백성의 사유화를 없애고, 율령제를 도입해 천황 중심의 중앙 집권 체제를 만드는 것이었지. 다이카 개신으로 일본 최초의 통일 정권인 야마토 정권은 막을 내리고 새로운 시대가 열렸어.

개혁할 거야!

불끈!

645년 일본, 다이카 개신 시작

쇼토쿠 태자(574~622년) 일본의 요메이 천황의 아들로 593년에 섭정을 시작하였다. 일본 불교를 중흥 시키는 데 앞장 섰으며, 사재를 털어 법륭사를 지었다.
천황 중심의 중앙 집권 체제를 만들기 위해 관위 12계와 헌법 17조를 제정하여 귀족들의 세력을 견제하고자 하였다. 이러한 쇼토쿠 태자의 정책들은 후에 다이카 개신과 701년 다이호 율령으로 일본이 관료 체제의 율령 국가로 가는 밑거름이 되었다.

스이코 천황 일본 역사에 기록된 최초의 여성 천황으로 치세 기간 동안 쇼토쿠 태자를 섭정으로 임명하여 개혁적인 정책으로 국가의 기틀을 만들었다.

7세기 중엽 한반도는 격렬한 전쟁의 소용돌이 한복판에 있었어. 신라는 백제와 고구려의 협공으로 위축되어 당나라에게 구원의 손길을 요청했어. 일본은 백제와 친했지만 한반도와 당의 눈치를 보며 자신의 이익을 저울질하고 있었지. 641년 백제의 마지막 왕인 의자왕이 즉위하고, 642년 고구려의 연개소문이 영류왕을 살해하고 보장왕을 옹립하면서 삼국 통일 전쟁의 막이 서서히 올랐어.

660년 백제의 멸망과 부흥 운동

백제의 멸망

641년 백제 무왕이 죽고 의자왕이 왕위에 오르면서 백제는 신라를 타도하자는 구호를 높였어. 의자왕은 즉위한 다음 해에 신라를 공격해 40여 성을 빼앗고, 기세를 몰아 대야성을 점령했어. 그리고 신라가 당나라에 군사를 요청하자 고구려와 합세해 당과의 교류 거점인 당항성을 빼앗았지.

이렇게 신라는 의자왕 초기에 많은 피해를 입었어. 고구려와 백제의 공격에 위협을 느낀 신라는 648년 김춘추, 김인문이 당나라로 건너가 함께

자네가 유신인가?

니가 계백인교?

챙!

챙!

김유신(595~673년) 삼국 통일을 이룬 신라의 장군. 금관 가야 출신으로 증조부는 금관 가야의 마지막 왕인 구형왕이었다.
화랑 출신으로 고구려, 백제와의 각종 전투에서 승리했고, 진덕여왕 때는 상대등 비담의 난을 토벌하기도 했다. 진덕여왕이 후사가 없이 죽자 김춘추를 왕위에 옹립해 신라에서 최초로 진골이 왕위에 오르는데 결정적인 역할을 했다. 660년과 668년 백제, 고구려를 멸망시킨데 앞장섰으며, 후에 내정을 간섭하는 당나라를 신라에서 몰아내는데도 큰 역할을 했다.

김춘추(604~661년) 신라 25대 왕인 진지왕의 손자로 진골 출신 최초로 왕위에 올라 29대 태종무열왕이 되었다.
왕이 되기 전 수차례 당나라를 방문하여 군사 원조를 약속 받았고, 왕위에 오른 후 김유신에게 당나라와 연합하여 백제를 공격, 660년 백제 멸망을 이끌어냈다.

백제를 공격할 것을 요청했어.

마침내 660년 당의 소정방은 13만 대군을 이끌고 기벌포(지금의 금강 입구)를 통해 해상으로 백제 사비성을 침공했어. 육상에서는 김유신의 군대가 5만 군사를 이끌고 탄현(지금의 대전 동쪽)을 넘어 사비성으로 공격해 갔어.

백제의 계백 장군은 5000 결사대로 황산벌에서 김유신 군대와 항전을 벌였으나 결국 패하고, 의자왕이 항복하면서 700여 년 역사의 백제는 멸망하고 말았어.

> **웅진도독부** 백제가 멸망하던 해인 660년 백제의 옛 땅을 다스리기 위해 당나라가 만든 행정 관청. 당나라는 백제 왕자였던 부여융을 도독으로 임명하여 이 지역을 다스리려고 하였으나, 통일 신라의 문무왕 때인 677년에 없어졌다.
>
> **계백(? ~660년)** 결사대 5000 군사를 이끌고 황산벌에서 김유신의 신라군과 맞서 싸운 백제의 장군. 전장에 나가기 전 이미 백제의 운명이 기운 것을 짐작하고 가족들을 죽임으로써 자신의 결의를 다졌다.
> 계백의 지휘 아래 백제의 결사대는 황산벌에서 김유신이 이끄는 5만여 군사들과 싸워 4번의 승리를 거두었으나, 화랑인 관창의 희생으로 결국 신라군이 승리함으로써 백제는 마지막 보루가 무너져 멸망하고 말았다.

백제의 부흥 운동(660~663년)

당의 소정방은 백제의 의자왕과 왕족, 백성들을 끌고 당나라로 돌아갔어. 하지만 백제에 남은 백성들은 여기저기서 신라에 저항하다가, 661년 복신, 도침, 흑치상지 등이 일본에 머물던 왕자인 부여풍을 왕으로 삼고 주류성을 거점으로 부흥 운동을 벌였어.

초기에는 신라군을 격파해 위세를 떨쳤지. 그러다 복신이 도침을 죽이고, 또 부여풍이 복신을 죽이는 등 부흥군 내부의 불화가 심해졌어.

그런 가운데 부흥군은 고구려와 일본에 군사 원조를 요청하고, 663년에는 백제를 구원하기 위해 일본의 군대가 파견되었어.

하지만 그 해 9월 나당 연합군에게 백강에서 일본군이 대패하고 주류성이 함락되자 부여풍은 고구려로 망명하고, 4년여에 걸친 백제의 부흥 운동은 막을 내리고 말았어.

백제여, 부흥하라!

고구려의 멸망

백제를 멸망시킨 나당 연합군은 고구려를 치기 위해 온 힘을 다했지만 번번이 연개소문이 이끄는 고구려군에 의해 좌절되고 말았어. 그러다 666년 연개소문이 죽자, 고구려는 정권을 둘러싸고 장남인 남생이 동생인 남건, 남산에게 쫓겨 당나라로 망명하고, 연개소문의 동생인 연정토도 신라로 투항하는 등 내분에 휩싸였어.

지배층의 세력 다툼은 곧 나라의 멸망으로 이어졌어. 곧바로 667년 나당 연합군은 고구려 정벌을 시작했고, 이듬해 9월 마침내 평양성이 함락되면서 고구려는 멸망하고 말았어.

고구려의 부흥 운동(669~684년)

당나라는 멸망한 고구려 지역을 다스리기 위해 평양에 안동도호부를 설치하고, 고구려의 옛영토를 9도독부 42주로 나누었어. 700여 년 간 한나라 이후 수, 당을 이어오면서 자신들을 괴롭힌 고구려 군사들의 용맹함을 알기에 철저히 고구려를 통제하기 위해서였지.

하지만 고구려의 검모잠은 고구려 유민을 이끌고 669년 부흥 운동을 시작했어. 왕족인 안승을 추대해 본격적인 투쟁을 벌였으나, 안승과 검모잠의 불화로 안승이 검모잠을 죽이면서 부흥 운동은 힘을 잃었어. 그러다 684년 보장왕의 조카인 대문이 반란을 일으켜 처형을 당하면서 부흥 운동은 완전히 사라지고 말았어.

668년
고구려의 멸망, 부흥 운동

> 🥔 **안동도호부** 고구려 멸망 후 당나라가 고구려의 옛 땅을 관리하기 위해 옛고구려 영토에 9도독부를 두고 평양에는 안동도호부라는 군정청을 두어 당의 장수인 설인귀를 군정 총독으로 임명, 고구려를 비롯한 백제와 신라 전체를 관할하게 하였다. 하지만 이를 두고 신라와 전쟁을 벌이는 등 분쟁이 잦아지자 당나라는 안동도호부를 요동 지역으로 옮기게 된다.

660년
▶▶▶
668년

백제의 멸망
660년

661년
이슬람, 우마이야 왕조(~750년)가
열리며 사라센 제국이 시작되다

663년
백제의 부여풍이 고구려로 망명하고
백제 부흥 운동은 막을 내린다

661년
사라센 제국

사라센이란 그리스와 로마인들이 중동의 유목민들을 사라세니(Saraceni)라고 부르던 데서 유래해. 이후 이슬람이 세력을 확대하면서 이들 무슬림을 이르던 말로, 십자군 전쟁 때 서유럽 전체로 퍼졌어.

사라센 제국은 특정 제국이 아니라 무슬림들이 세운 이슬람 왕조들을 총칭하는 말이 되었으며, 우마이야 왕조로부터 시작해 13~15세기까지 이어졌어.

이슬람의 시조인 무함마드가 629년 메카를 처 정복한 뒤 이슬람의 포교는 전 아라비아로 퍼져 갔어. 무함마드가 죽은 후 제1대 칼리프에 오른 아부 바크르와 2대 칼리프인 우마르 때 시리아, 팔레스타인과 이집트의 알렉산드리아를 점령했어. 이어 사산 왕조 페르시아를 사실상 병합하면서 사라센 제국의 틀을 만들었지.

하지만 3대와 4대 칼리프인 오스만과 알리 때, 이슬람은 분열이 일어났어. 오스만과 알리가 살해되면서 후에 이슬람의 수니, 시아파의 분열 원인이 됐지. 4대 칼리프인 알리가 암살당하자 661년 우마이야 가문의 무아위야가 칼리프가 되어 이전의 선출 칼리프가 아닌 세습 칼리프로 이어지는 우마이야 왕조를 열었지.

무함마드(570~632년) 사우디아라비아 메카에서 태어난 무함마드는, 610년 꿈에서 천사 가브리엘로부터 계시를 받아 알라를 믿고 전도를 시작해 가족과 친지들부터 이슬람교로 개종시켰다.
하지만 메카에서 박해를 받자 622년 75명의 추종자들과 함께 메디나로 건너가게 되는데, 이를 '헤지라'라고 하여 이때를 이슬람교의 탄생으로 여긴다.
메디나에서 신도를 모아 최초의 이슬람 도시를 건설하고, 그의 신봉자들을 '무슬림'이라고 불렀다.
630년 메카를 정복한 무함마드는 이슬람 공동체를 만들고, 이슬람 포교에 힘썼으나 632년 갑자기 세상을 떠났다.

알라를 섬겨라!

667년
비잔틴 제국의 칼리니쿠스가 화약 발명

고구려의 멸망
668년

우마이야 왕조(661~750년)

원래 우마이야 가문은 무함마드와 같은 부족 출신이었지만 이슬람 포교에는 반대를 했었어. 하지만 이슬람을 받아들인 후 이슬람의 중심 세력으로 부상해 마침내 우마이야 왕조를 열었어.

우마이야 왕조의 제1대 칼리프인 무아위야는 제국의 수도를 메디나에서 다마스쿠스로 옮기고, 이슬람을 강력한 중앙 집권 체제를 갖추는 조직으로 만들어 갔어. 그는 이전의 선출제 칼리프를 세습제 칼리프로 바꾸고 자신의 아들에게 칼리프를 물려주었지. 668년 비잔틴 제국을 공격해 수도인 콘스탄티노플을 포위하기도 했어. 이 때 비잔틴에서 발명된 화약으로 공략에는 실패했지만 무슬림들의 강력한 군사력을 보여준 계기가 되었어.

무슬림들은 정복지들을 칼과 그들의 경전인 〈코란〉으로 개종시켜 나갔어. 6대 칼리프인 왈리드 1세 때는 지금의 아프가니스탄과 인도 펀자브 지역에서 스페인과 북아프리카 지역에 이르기까지 이슬람을 전파했어. 그런데 이 과정에서 새로 개종한 사람들이 기존의 무슬림들에게 불이익을 당했는데, 이는 제국 내부의 불화를 가져왔어.

747년과 748년, 호라산(지금의 이란)에서 아바스 가문을 중심으로 반란이 일어나, 750년 무함마드의 숙부 아바스의 증손자인 아불 알 아바스 앗 사파흐가 왕실 사람 대부분을 학살한 후 아바스 왕조를 열었어.

이슬람을 널리 전파하라!

이슬람의 다섯 기둥

무슬림이 이행해야 할 다섯 가지의 기본적인 의무를 다섯 기둥(아르칸)이라고 한다.
첫째는 신앙고백(샤하다)으로, 유일신인 알라를 믿고, 무함마드가 알라의 사도임을 고백하는 것이며,
둘째는 기도(살라트)로 하루에 다섯 번, 장소를 가리지 않고 기도를 하는 것이며,
셋째로 자선(자카트)은 부자들이 헌납하는 세금 같은 것으로, 코란에 규정이 되어 있다.
넷째는 단식(사움)으로 라마단(이슬람력 9월) 한 달 동안 해 뜰 때부터 해 질 때까지 음식물을 섭취하지 않는 것이며,
다섯째는 성지 순례(하즈)로 무슬림은 능력이 닿는 대로 일생에 한 번은 메카에 가야 한다.

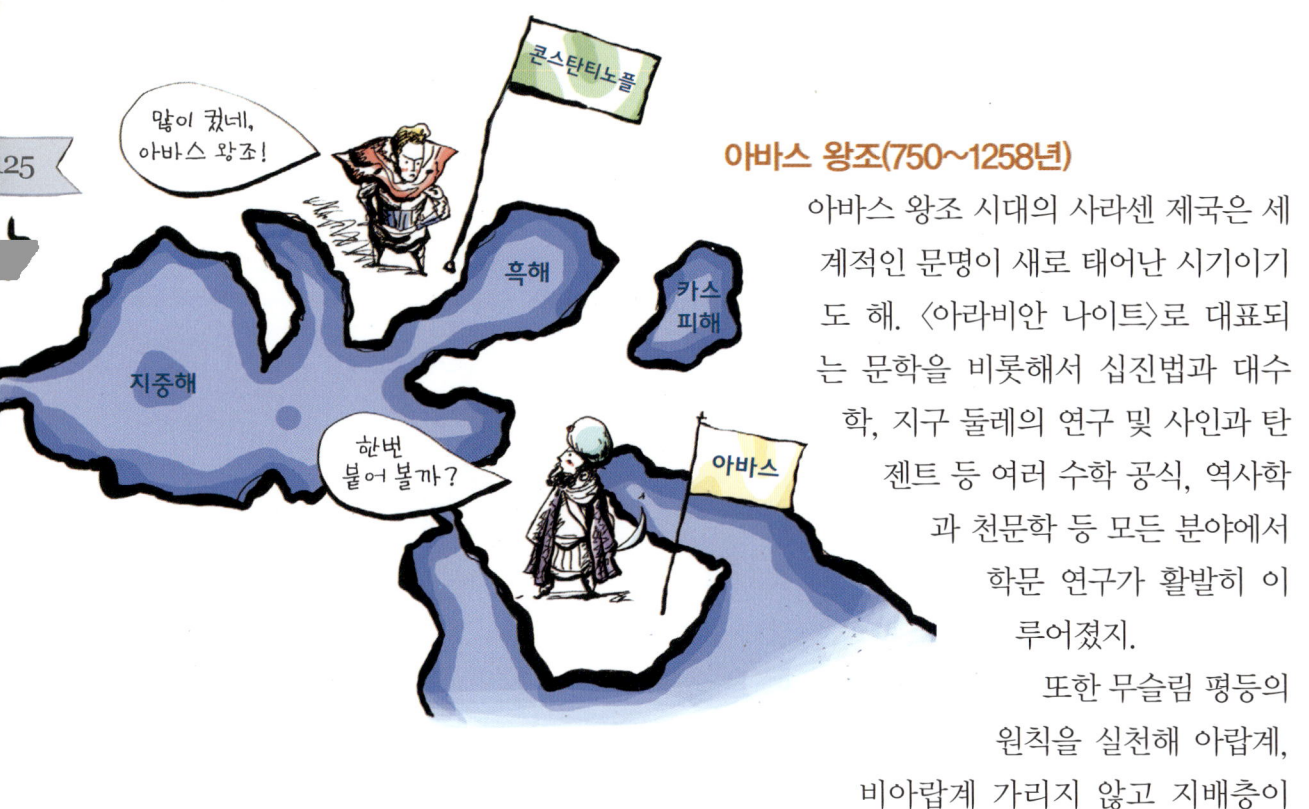

아바스 왕조(750~1258년)

아바스 왕조 시대의 사라센 제국은 세계적인 문명이 새로 태어난 시기이기도 해. 〈아라비안 나이트〉로 대표되는 문학을 비롯해서 십진법과 대수학, 지구 둘레의 연구 및 사인과 탄젠트 등 여러 수학 공식, 역사학과 천문학 등 모든 분야에서 학문 연구가 활발히 이루어졌지.

또한 무슬림 평등의 원칙을 실천해 아랍계, 비아랍계 가리지 않고 지배층이 될 수 있었어. 우마이야 왕조 때 제국 불화의 씨앗이었던 아랍계 특권 의식이 많이 감소되었지.

762년, 알 만수르 칼리프는 이라크에 평화의 도시라고 불리는 바그다드를 건설해 제국의 수도로 삼았어. 바그다드는 아시아, 아프리카, 유럽의 유통 중심지로, 그리고 학문과 문화의 중심지로 발달해, 8~9세기에 당나라의 장안, 비잔틴의 콘스탄티노플과 어깨를 견주는 도시로 성장했어.

하지만 아바스 왕조는 10세기 이후 맘루크와 부와이흐조에 의해 분열되고 쇠퇴하면서 명맥만 겨우 유지했어. 그러다 셀주크 투르크에 의해 칼리프는 명목상의 존재가 되고, 대신 술탄이 절대 권력을 차지하게 되며, 13세기 몽골의 침략으로 아바스 왕조는 멸망하고 말았어.

수니파와 시아파 이슬람의 대표적인 2대 종파. 수니와 시아파는, 무함마드의 사후 그의 후계 자리를 누가 잇느냐로 갈라졌다. 후에 시아파를 이룬 사람들은 무함마드의 사촌이자 사위인 알리가 적합하다고 했으나, 투표 선출에 의해 1대 칼리프로 아부 바크르가 선출되면서 분열이 시작되었다.

특히 3대 오스만과 4대 알리로 칼리프가 이어지는 과정에서 분열은 가속화되고, 이어 우마이야 왕조에서 알리 아들인 후세인을 제거하면서 알리를 동정하는 '시아알리(알리의 추종자)' 즉 시아파가 하나의 종파로 발전했으며, 알리의 혈통을 이은 후계자를 '이맘(종교 지도자)'라고 하였다.

이것이 선출에 의한 칼리프를 정통으로 보는 수니파와 큰 차이가 있다. 현재 수니파는 전세계 이슬람의 90%를 차지하고 있으며, 이란과 이라크가 중심인 시아파가 10%를 차지하고 있다.

신라는 삼국 통일을 이루었으나 당나라의 간섭에 시달렸어. 당나라는 옛 백제와 고구려 지역에 웅진 등 5도독부와 9도독부를 두었고, 신라 지역에도 계림도독부를 두어 한반도를 다스리려고 했어. 그리고 안동 도호부를 통해 한반도 전체를 총괄하도록 했지.

674년, 당의 유인궤가 신라를 공격하자, 신라는 고구려 유민들과 힘을 합해 맞서 싸웠어. 675년 9월 당의 이근행의 군대를 매소성에서 격파하고, 이어 설인귀의 군대를 22번이나 싸워 이기면서 당나라를 한반도에서 완전히 몰아냈어.

마침내 신라는 지금의 대동강에서 원산만에 이르는 남쪽 지역에 우리 나라 역사상 처음으로 통일 국가를 이루었지. 하지만 만주와 요동을 지배했던 고조선과 고구려의 영토에 비한다면 상대적으로 빈약한 통일로 아쉬움이 커.

668년

통일 신라 시대가 열리다

감은사와 만파식적

문무왕의 아들인 신문왕은 즉위 2년 되던 해인 682년 대왕릉 근처에 감은사를 지었다.

어느 날 섬 하나가 감은사 쪽으로 흘러왔다고 한다. 섬 위에 핀 대나무를 잘라 피리를 만들었는데, 이는 김유신 장군과 문무왕이 천신과 용이 되어 나라를 지키기 위해 보낸 것이라고 한다. 이 피리가 만파식적으로, 피리를 불면 적군이 물러가고, 병이 낫는 등 나라의 걱정을 덜어주었다고 한다.

문무왕과 대왕릉

문무왕은 태종무열왕 김춘추의 장남으로 661년 왕위에 올라 당나라 군대와 연합해 고구려를 멸망시키고 삼국을 통일한 왕이다.

문무왕은 이후 8년에 걸쳐 당과 싸워 당의 세력을 신라에서 몰아내 진정한 통일을 이루었다. 그 후 문무왕은 죽으면서 "나라를 지키는 용이 되겠다."고 해, 아들 신문왕은 문무왕의 유언대로 장사 지낸 후 그의 유골을 동해안 앞바다 큰 바위 주변에 뿌렸는데 이 곳을 대왕릉이라고 한다.

감은사지와
감은사지 3층 석탑

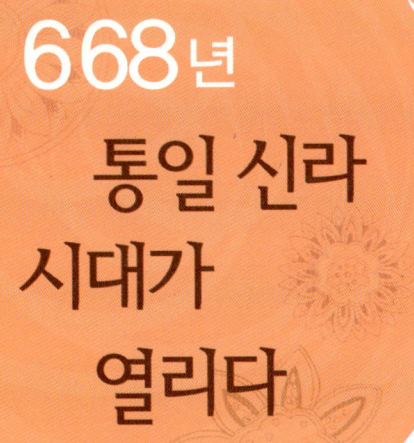

두고 보자 해!

통일 신라

와 왕!

당나라 녀석들, 썩 물러 가라!

무측천이라 불리는 측천무후는 중국 역사 상 최초의 여황제야. 처음엔 당 태종의 후궁 으로 궁에 들어가 태종을 섬기다가, 태종의 아들인 고종의 눈에 들었어. 고종의 총애를 얻자 나중에 계략을 써서 고종의 황후를 내 쫓고 655년 자기가 황후에 올랐어.

황후가 된 그녀는 656년 태자 이충이 폐위 되자 자신의 장남인 이홍과 차남인 이현을 차 례로 황태자로 앉혔다가, 680년 삼남인 이철을 그 자리에 앉혔어.

683년 고종이 죽자 이철은 황제인 중종에 올랐 지만 그녀는 중종을 폐위시키고, 684년 사남인 이단 을 황제에 앉히는 등 자기의 손으로 황제 자리를 쥐락펴 락했지. 그러다 그녀는 자기를 반대하는 사람들을 숙청하고 마침내 690년, 예종을 폐위시키고 중국 최초로 여황제 자리 에 올랐어. 국호를 주(周, 고대의 주(周)나라와 혼동을 피하기 위

683년
중국 최초의 여황제, 측천무후 집권

어머나, 눈가에 주름이···

해 무주(武周)라고 불림)로 고치고, 수도도 뤄양으로 옮겼어.

측천무후는 비록 반대파들 을 무자비하게 없애는 등 가혹 한 정치를 펼치기도 했으나, 인재를 고루 등용하고 농경을 장려하는 등 백성들을 위한 정치를 펼쳤어. 그 시대를 태 종의 정관의 치에 버금간다고 해서 '무주의 치'라고 부르기 도 해.

무주의 치(治) 655년 당 고종의 황후가 된 측천 무후는 이후 50여 년 동안 중국을 실질적으로 통치했다. 학자들을 중 용해 정치에 참여시켰으며, 많은 책들이 편찬되었다. 신분에 관계 없이 유능한 인물들을 뽑아 썼으 며, 농업을 장려했고, 불교 사원을 건축하는 등 불교를 부흥시키기도 했다.
대외적으로는 특히 우리 나라와 관 계가 깊은데, 측천무후가 통치하던 때는 신라가 삼국을 통일하던 시기 로 신라와 연합해 660년, 668년 백제와 고구려를 멸망시켰다.

이두란 한자 음과 뜻을 빌려 우 리 말을 적던 방법으로 조선 중 기까지 사용됐다.

668년
▶▶▶
697년

신라, 삼국 통일
668년

당, 안동도호부를 평양에 설치

신라, 당을 한반도에서 몰아내고 통일을 완성
676년

만파식적을 만들다
682년

683년
당, 측천무후 집권

설총, 이두 정리
692년

고구려가 나당 연합군에 의해 멸망된 후, 당나라는 고구려 유민 일부를 요동 지역으로 강제로 이주시켰어. 이 때 이주한 고구려 유민들과 대조영은 말갈족과 함께 당나라에 반기를 들어 동모산(지금의 길림성 부근)에 성을 쌓아 나라를 세우고 이름을 '진'이라고 했어. 713년에는 국호를 발해로 바꾸었어. 지배층은 주로 고구려 유민이, 그리고 말갈인들이 하층민을 이루었지.

발해는 당나라, 일본과는 친밀하게 지내면서 활발하게 교류했어. 하지만 신라와는 경계하면서 교류를 거의 갖지 않았어.

국력이 커지자 발해는 만주 대부분과 연해주를 차지하면서 영토를 넓혀 갔어. 선왕 때는 바다 동쪽에 있는 융성한 나라라는 뜻을 가진 '해동성국'이란 이름도 얻었어.

698년
대조영,
발해 건국

⚔ **발해와 당, 신라, 왜와의 관계** 발해는 서북쪽으로는 당과 말갈, 남동쪽으로는 신라와 왜에 둘러싸여 있으면서 이들과 외교와 복속 등을 통해 나라의 발전을 이루었다.
당은 발해의 성장에 직접적인 영향을 끼친 나라로, 특히 755년 안사의 난은 발해가 중경에서 상경으로의 천도하는 데에 영향을 끼쳤을 정도다. 말갈은 발해가 건국하는 과정에서 협력했으나, 모든 말갈족이 다 흡수된 것은 아니었다. 신라와는 발해 역사상 두 번 사신이 왕래할 정도로 관계가 멀었던 반면, 왜와는 수십 번의 사신을 서로 주고받을 만큼 긴밀한 관계를 유지했다.

👤 **문왕**(재위 737~793년) 발해의 3대 왕으로 대조영의 손자. 아버지인 무왕이 정복 사업에 힘쓴 반면, 문왕은 내치와 외교에 힘을 기울였다.
56년이란 긴 재위 기간 동안 도읍을 3번 옮기면서 나라의 발전에 힘을 썼는데, 왕위에 오른지 10년 후 처음 도읍지인 동모산 부근에서 중경으로 도읍을 옮겼다. 국력이 커지면서 좀더 넓고 교통이 편리한 곳이 필요했으며, 얼마 후 다시 상경으로 도읍을 옮기고, 다시 동쪽에 위치한 동경으로 도읍을 옮겼는데, 이는 일본과의 관계 개선 때문이었다.
이후 5대 왕인 성왕 때 다시 상경에 도읍을 정하고 발해는 멸망할 때까지 천도하지 않았다.

당나라 6대 황제인 현종은 할머니였던 측천무후가 죽자 황권 다툼을 평정하고 712년 황제에 올랐어. 현종은 연호를 개원으로 하고, 요숭, 송경, 장구령 등 주위의 유능한 신하들의 의견을 받아들여 민생과 경제를 안정시켰어. 그리고 국경을 튼튼히 하는 등 태평 성대를 이루었는데, 이 때를 '개원의 치'라고 해. 이백과 두보 등 중국 역사상 걸출한 시인이 나오는 등 문화적으로도 꽃을 피운 시기였어.

하지만 현종은 나이가 들면서 점차 거만해지고 정치에 흥미를 잃었어. 더구나 말년에 도교에 빠지고, 자신보다 35세나 어린 귀비 양옥환 품에서 벗어나지 못하면서 나라 운영을 고력사 등 환관과 양귀비의 사촌오빠인 양국충 등 외척에게 맡겨 나라를 도탄에 빠뜨리고 말았어.

그러다 결국 안사의 난이 일어나고, 당나라는 점차 쇠퇴의 길로 들어서게 됐지.

712년 당 현종, 개원의 치

⚔️ **안사의 난(755~763년)** 당나라의 인구 70% 정도가 감소하거나 유랑민 신세가 된 당나라 최악의 난. 안록산과 그의 부장인 사사명의 앞글자를 따 안사의 난이라고 한다.

당나라 말기, 환관과 외척들이 마음대로 정치해 나라 경제가 어려워지고 일반 농민들의 삶도 힘들어진 데다, 황궁 내에서도 음모와 술수로 반란이 일어날 조짐이 곳곳에 있었다. 그러자 안록산은 755년 양국충 토벌을 구호로 하여 군사 15만 명을 끌고 당의 수도 장안에 쳐들어와 장안을 점령하고 황제에 올랐다.

현종은 난을 피해 사천 지방으로 피난을 갔는데, 그 사이에 양국충은 현종의 친위 병사들에게 죽고 양귀비는 자결을 하고 만다.

한편 반란군 진영에서는, 안록산은 눈이 멀고 등창으로 고생하다 아들 안경서에게 죽임을 당하고, 안경서는 안록산의 부장인 사사명에 의해 죽는 등 내분이 일어나게 된다. 763년 사사명을 죽인 사조의가 당의 군대에게 진압이 되면서 안사의 난은 끝을 맺는다.

하지만 이 난으로 지방 관리들의 힘이 강해지고, 중앙 정부는 통제력을 잃으면서 당나라는 쇠락의 길을 걷게 된다. 그러다 소금밀매업자인 황소가 난을 일으키고, 황소의 부하였던 주전충에 의해 당나라는 결국 망하게 된다.

오빠~♥

정치 안 해. 양귀비 하고만 놀래.

698년 ▶▶▶ 719년

대조영, 길림 부근 동모산에서 발해 건국
698년

711년
이슬람, 북아프리카와 에스파냐 진출

712년
당나라 현종, 개원의 치 시대

727년
혜초의
〈왕오천축국전〉

〈왕오천축국전〉은 신라 성덕왕 때의 승려 혜초가 인도의 다섯 천축국을 돌아보고 쓴 여행기야. 한 권의 필사본으로 된 이 여행기는 1908년 프랑스 탐험가인 펠리오가 중국 둔황의 천불동에서 발견하고, 1909년 중국의 나옥진이 출간하면서 세상에 알려졌어. 원래 세 권으로 추정되지만 발견된 필사본은 앞뒤가 떨어져 나간 상태야.

이 책은 8세기경 인도 여러 지방의 풍습과 음식, 의상 등 사회 생활상을 보여주는 귀중한 자료야. 나체족이라든지, 형제들이 한 명의 아내를 공유한다든지, 감옥이나 사형 제도가 없고 벌금형만 있다든지 하는 것 등 당시 인도의 사회 풍속을 잘 알 수 있어.

마르코폴로, 이븐 바투타, 오도록의 여행기와 함께 세계 4대 여행기로 꼽히는 〈왕오천축국전〉은 불행히도 우리 나라에 없고 현재 파리국립도서관에서 소장하고 있어.

아잔타 석굴 인도 중서부에 있는 고대 불교 석굴로 기원전 2세기경부터 개굴하기 시작, 7세기경까지 총 29개의 굴이 조성되어 있다. 29굴 중 4굴은 성소로 만들어졌고, 나머지는 승려들이 머무는 굴로 만들어졌다. 석굴을 조성하는 것이 중국과 우리 나라 등에 전파돼 중국에서는 둔황의 막고굴, 윈강 석굴 사원 등이, 우리 나라에서는 석불사(석굴암)가 만들어졌다.

날란다 사원 5~12세기경 인도 북부 지방에 있었던 불교 대학으로 현장법사 등 유명한 승려들이 이 곳에서 공부하였다. 전성기 때는 1500여 명의 교수와 1만여 명의 학생들이 공부할 정도였으며, 혜초가 이 곳을 방문했을 때도 많은 학생들이 불교를 연구하고 있었을 것이다.

〈왕오천축국전〉이 베스트셀러가 되었다고?

인도 1만㎞

혜초, 인도
순례 시작

720년
▶▶▶
746년

720년
〈일본서기〉 편찬

723년

726년
동로마의 레오 3세,
성상금지령을 내리다
(103쪽 참고)

720년
〈일본 서기〉
편찬

〈일본 서기〉는 기원전 660년부터 기원후 697년까지의 일본 역사를 기록한 역사서야. 680년경부터 편찬을 시작하여 720년에 완성된, 일본 정사로는 가장 오래되었다고 해.

〈일본 서기〉는 일본 정부와 민간에 내려오는 기록, 백제기와 백제본기 등 백제의 기록과 위서, 진서 등 중국의 기록 등도 참고로 기록되었어. 그래서 일본에서는 자체적으로 객관적인 역사서로 생각하고 있대. 하지만 〈일본 서기〉는, 특히 한국 고대사에 관해 불확실한 기록으로 한국과의 역사적인 갈등을 빚고 있기도 해.

대표적인 사례가 임나일본부설인데, 일본에서는 삼국 시대 때 왜가 한반도의 남쪽 가야 지역을 식민지로 삼았다는 임나일본부설을 주장하고 있어. 하지만 이는 〈일본 서기〉에만 나와 있을 뿐 한국과 중국의 어느 기록에도 없을 뿐아니라, 그 근거로 주장하는 광개토왕릉비의 비문 역시 일본이 석회로 조작한 의혹이 짙었어. 그래서 최근 일본 학자들은 임나일본부설이 잘못됐다고 시인했어.

육국사 일본 나라 시대(710~794년)와 헤이안 시대(794~1185년)에 걸쳐 기록된 6종의 일본 역사서를 합쳐 흔히 육국사라 부른다. 편년체를 기초로 만들어졌으며, 고대부터 887년까지의 역사가 기록되어 있다. 현존하는 최초의 정사인 〈일본 서기〉를 비롯해, 〈속일본기〉〈일본 후기〉〈속일본 후기〉〈일본문덕천황실록〉〈일본삼대실록〉등이며, 이후 〈신국사〉를 편찬하려고 하였으나 완성되지 못했다.

그래도 난 임나 일본부설이 좋은데…

자꾸 거짓 말만 하니까 코가 길어지잖아.

혜초, 〈왕오천축국전〉을 쓰다
727년

730년
로마 교황 그레고리우스 2세, 성상금지령을 내린 레오 3세를 파문하면서 다툼 확대

732년
프랑크 왕국의 카를 마르텔, 투르−푸아티에 전투에서 사라센을 물리치고 서유럽 기독교를 보호 (140쪽 참고)

751년
불국사 창건

수많은 문화재를 간직하고 있는 불국사는, 많은 문화재의 수만큼이나 절이 세워지게 된 이야기도 여러 가지가 있어.

〈불국사고금창기〉에는 법흥왕 15년인 528년, 법흥왕의 어머니인 영제부인이 창건해서 진흥왕 때 중건하고, 751년 김대성이 개수했다고 전해지고 있지. 그런가 하면 일연은 〈삼국유사〉에서, 이생의 부모를 위해 불국사를 짓고, 전생의 부모를 위해 석불사(지금의 석굴암)를 지었는데, 경덕왕 10년(751년)에 짓기 시작해 혜공왕 9년(774년) 김대성이 완공을 하지 못하고 죽자 나라에서 공사를 마쳤다고 했어.

불국사는 이름에서도 보여 주듯 당시 신라인들이 부처가 사는 나라를 희망하면서, 여러 사람들의 정성과 부모에게 효를 다하는 마음으로 창건한 절로, 부처에게 가호를 비는 마음을 엿볼 수 있지. 1995년 유네스코 세계문화유산으로 지정되었어.

조각 같은 미남으로 조각해 줘.

쿵!

쾅!

불국사의 문화재

다보탑 국보 제20호인 다보탑은 높이 10m 40cm로 마주보고 있는 석가탑과 함께 통일신라의 대표적인 탑이다. 목조 건축 양식을 띠고 있으며, 다보 여래를 상징하고 있다.

석가탑 국보 제21호. 전통적인 3층 석탑 형식을 취하고 있는 탑. 탑신에서 발견된 〈무구정광대다라니경〉은 세계에서 가장 오래된 목판인쇄본 불경으로, 탑 내의 유물 총 28점이 국보 제126호로 지정되었다.

이밖에 돌로 만든 계단인 국보 22호인 **연화교**, **칠보교**, 국보 23호인 **청운교**와 **백운교**가 있고, **금동비로자나불좌상**(국보 26호), **금동아미타여래좌상**(국보 27호) 등 불상과, 고려 시대의 탑으로 추정되는 **불국사 사리탑**(보물 61호) 등이 있다.

청운교와 백운교

풍악을
울려라~

포석정 신라 왕궁의 아름다움을 대표하는 곳으로 여기서 왕과 신하들이 연회를 베풀었다. 자세한 건축 시기는 알려져 있지 않으나 통일 신라 시기의 것으로 추정하며, 경애왕이 후백제 견훤에게 죽임을 당한 곳으로 알려져 있다.

안압지 월성 북동쪽에 있는 신라 때의 연못으로 근처에 임해전과 정원들이 조성되었다. 1975년 준설 공사 때 발견한 나무배와 목간, 불상 등 여러 유물들이 경주국립박물관에 보관, 전시되어 있다.

무구정광대다라니경 지금까지 알려진 세계에서 가장 오래된 목판 인쇄본으로, 너비 8cm, 길이 620cm인 두루마리 형식의 다라니 경문.

원효(617~686년) 불교의 여러 종파를 하나로 융합하고 일반 대중들에게 불교 전파에 힘쓴 신라의 고승.

661년 의상과 함께 당나라로 가다가 목이 말라 캄캄한 밤에 물을 맛있게 마시고 아침에 일어나 보니 그것이 해골물이었다는 사실에 구역질을 하면서도 '모든 것이 자신의 마음에 달려 있다.'라는 깨달음을 얻어 유학을 포기했다. 그러면서 나무아미타불만 읊는 것으로도 극락에 갈 수 있다는 정토교를 주창하는 등 불교 대중화에 힘썼다.

원효는 세속에 구애되지 않고 백성들과 어울려 술과 고기를 먹으면서 '무애가'를 불러 백성들에게 불교를 쉽게 가르쳤으며, 요석공주와의 사랑으로 후에 신라의 이두 문자를 정리한 설총을 낳았다.

불교의 여러 종파를 융합한 화쟁 사상을 주장했으며, 〈화엄경소〉와 〈금강삼매경론〉 등 여러 책을 저술했다.

분황사 화쟁국사 비부

의상(625~702년) 661년 당나라로 유학해 화엄경을 연구하고 돌아와 해동화엄종을 창시한 신라의 고승. '하나 속에 모든 것이 있고, 모든 것 속에 하나가 있다'라는 화엄 사상으로 10여 개의 화엄종 사찰을 건립하였다. 그의 화엄 사상은 통일 신라의 왕권을 강화하는 논리로 작용해 귀족들의 세력을 누르고 전제 왕권을 확립할 수 있도록 했다.

화엄사 각황전과 석등

석굴암 통일 신라 불교 예술의 정점에 위치한 석굴암 석굴은 한국을 대표하는 석굴 사찰로 국보 제24호로 지정되어 있고, 불국사와 함께 세계문화유산으로 등록되어 있다.

흰색의 화강암을 인위적으로 하나씩 쌓아 올려 석굴을 만들고, 그 안에 본존불을 비롯, 십대제자상과 십일면관음보살 등 보살상, 사천왕상과 금강역사상, 감실 등 총 40구의 불상을 조각하였다(지금은 38구만 남아 있다).

성덕대왕 신종 무게가 약 25톤, 높이 3.75m, 입지름 2.27m, 두께 11~25cm로 현존하는 우리 나라 최대의 종이다.

신라 35대 경덕왕이 아버지인 성덕왕을 기리기 위해 만들기 시작하여 혜공왕 때 완성된 종으로, 처음엔 봉덕사에 달았다고 하여 봉덕사종으로 불렸다. 또한 아기의 시주를 받아 종을 만들었다는 전설이 있어 종이 울릴 때 아기 울음소리가 난다고 하여 에밀레종으로 불리기도 한다.

종의 크기뿐 아니라 음색, 표면에 조각된 비천상과 1000여 자에 달하는 종의 내력 등 보존 가치가 큰 유물로 국보 29호로 지정되어 있으며, 현재 국립경주박물관에 보관되어 있고 종의 보호를 위해 타종은 하지 않는다.

물 맛 어땠어?

이런!

747년 ▶▶▶ 779년

김대성, 불국사 창건

747년 고선지, 서역 원정을 떠나다

750년 사라센 제국, 아바스 왕조가 시작되다

751년 고선지, 탈라스 전투에서 이슬람군에 패하다

755년 당나라, 안사의 난이 일어나다

747년 당의 고선지, 서역 원정을 떠나다

고구려 유민으로 당나라로 건너간 아버지 고사계가 공을 세우자 그 공로로 유격장군에 오른 고선지는 이후 크고 작은 전투에서 공을 세우고 안서부도호에 오르는 등 당나라로부터 인정을 받았어.

747년 토번(지금의 티벳)과 사라센이 동맹을 맺어 서쪽으로 진출하려는 당을 견제하자, 행영절도사에 임명된 고선지는 서역 원정을 떠나게 돼. 고선지는 파미르 고원을 넘어 72개국의 항복을 받고 사라센이 동쪽으로 진출하려는 것을 막아 냈어. 이후에도 고선지는 석국(지금의 타시켄트)을 정복해 왕을 장안으로 압송했어. 그런데 당나라의 문신들에 의해 석국 왕이 죽자, 석국과 밀접한 사라센이 당나라에 전쟁을 선포했고, 고선지는 탈라스강에서 사라센군을 만나 싸웠으나 패하고 말았어.

당으로 돌아온 고선지는 안사의 난을 평정하라는 임무를 받았으나 억울한 모함에 빠져 756년에 처형되고 말았어.

⚔ **탈라스 전투** 750년 고선지는 서역 원정에서 석국(지금의 타시켄트)을 정벌하고 석국의 왕을 장안으로 압송해 왔다. 그런데 당의 문신들이 석국의 왕을 죽이자 석국과 사라센이 연합해 대당 전쟁을 선포했다.
751년 고선지의 군대와 사라센 군이 전투를 벌였으나 7월 탈라스 전투에서 당의 군대는 패하고 고선지는 당으로 귀환했다. 이 전투로 많은 당나라 사람들이 이슬람의 포로로 끌려 갔으며, 이 가운데 제지공도 있었는데 이들에 의해 중국의 제지술이 서방으로 전파되었다.

봉상청 고선지의 제갈공명 같은 인물. 어려서 책을 많이 읽은 그는, 처음에는 고선지가 그를 등용하지 않았으나 자신을 써 달라는 봉상청의 끈기에 감탄해 중용하였다.
고선지는 봉상청의 의견을 물어 전투에 임했고, 그의 책략은 대부분 승리로 이어졌다. 고선지가 죽을 때 옆에는 늘 같이 다니던 봉상청도 함께 할 정도로 고선지의 측근에서 조언을 한 인물이다.

내가 누군거 알아?! 고선지야. 고선지!

향복

성덕대왕 신종이 만들어지다
🕐 **771년**
프랑크 왕국의 샤를마뉴 대제가 왕위에 오르다

남북국의 사회와 제도

통일 신라

왕권 초기에는 집사부 시중의 권한을 강화하고 귀족 회의체인 화백 회의, 상대등의 권한을 축소함으로써 왕권을 강화했어. 하지만 말기가 되면 다시 상대등의 권한이 강해져 귀족 세력이 커지면서 왕권이 약해졌지.

> 녹읍 이란 철밥통이 있으니 배가 두둑하군.

토지 제도 초기에는 관료전을 지급하고 녹읍을 폐지함으로써 귀족들의 경제적 기반이 약화됐어. 하지만 통일 신라 말인 757년 경덕왕 때 녹읍이 부활돼 오히려 왕권이 약화됐어. 722년 성덕왕 때는 농민에게 정전을 지급, 일반 평민의 토지 사유화를 인정하고 세를 납부하도록 해 국가의 수입을 늘렸어.

지방 통치 조직 지방은 통일 전 5주 2소경 제도를 9주 5소경으로 재편했어. 9주 아래에는 주, 군, 현과 천민 집단인 향, 소, 부곡이 설치되어 있었어.

5소경(小京)은 동쪽에 위치한 왕경(금성)의 지리적 약점을 보완하고 지방 세력을 감시하기 위한 특별 행정 구역으로, 전국의 동, 서, 남, 북, 중앙 등 5곳에 두었어. 5소경은 왕경의 귀족들이 다스렸는데, 신라의 사민 정책으로 이 지역에 통일 전 고구려나 백제의 귀족들을 강제로 이주시켰기 때문에, 이들을 감시할 필요가 있었기 때문이었지.

관료전 신문왕 때 중앙과 지방 관리에게 지급한 땅으로 세만 거둘 수 있고 사람을 지배할 수 없으며, 관리가 물러나면 반납해야 한다.

녹읍 신문왕 이전, 신라에서 관리가 되면 국가로부터 받는 땅으로 세뿐 아니라 지역 농민들을 농사에 부릴 수 있어 관리나 귀족의 경제적 기반을 밑받침한 제도였다.

상수리 제도 신라의 중앙 정부가 지방 향리의 세력을 견제하기 위해 각 주의 향리나 향리 자제 1명을 중앙에 머무르게 하는 제도.

군사 제도 중앙군은 9서당으로 구성되었고, 지방은 9주에 각 1정씩과 지역이 넓은 한주의 2정 등 모두 10정으로 구성되었어.

중앙군인 9서당은 신라인뿐 아니라 고구려, 백제, 말갈인 등도 함께 구성되었는데 옷깃의 빛깔로 부대를 구별했어.

발해

수도 발해는 3대왕인 문왕 때 상경용천부로 천도해 당의 장안성을 모델로 한 성을 건설했어. 성은 외성과 내성으로 만들어져 도시 전체를 둘러싸게 되어 있었는데, 내성의 남문과 외성의 남문은 일직선으로 연결한 주작대로가 있었어. 이후 잠시 동경으로 천도한 후 상경은 5대 왕인 성왕 때부터 거란의 침략으로 926년 멸망할 때까지 발해의 수도였어.

선왕과 지방 행정 조직 발해는 10대 왕인 선왕 때 최대 영토를 소유하는 최전성기를 맞았어. 선왕은 수도인 상경용천부를 중심으로 전국을 5경 15부 62주로 조직하고, 건흥이란 독자 연호를 사용해 발해의 위상을 크게 떨친 왕이었지.

비록 재위 기간은 13년밖에 되지 않았지만 이 시기에 영토를 남으로는 대동강과 원산만을 잇는 곳에서부터, 동북으로는 요동과 연해주까지 확장시켰으며, 당과 왜와의 외교도 활발하게 이루어져 발해를 '해동성국'으로 불리도록 한 왕이야.

중앙 정치 조직 발해의 중앙 정치 조직은 3성 6부제가 기본으로, 3성은 정당성, 선조성, 중대성이었으며 이 중 정당성이 정무를 통괄하는 중심적인 기구였어. 6부는 충, 인, 의, 지, 예, 신부로 나뉘어져 있으며 구체적인 실무를 담당하는 조직이었지.

780년
통일 신라의 혼란

668년 삼국 통일을 이룬 신라는 당분간 나라 안팎으로 큰 전쟁 없이 평화롭게 보냈어.

하지만 765년 신라 36대 혜공왕이 즉위하면서 대아찬 김융 등 귀족들이 반란을 일으켜 왕실이 시끄러워졌어. 그러다 780년 상대등 김양상이 혜공왕을 피살하고 선덕왕에 오르면서 정국은 혼란에 휩싸였어.

선덕왕에 이은 원성왕은 큰 비를 핑계로 신하들을 조종하여 왕위에 내정되어 있던 김주원을 대신해 왕위에 오르는 등 선덕왕 이후 신라가 멸망하는 935년까지 155년간 20명의 왕이 바뀌는 혼란의 시기가 이어지게 돼. 신라 왕실의 혼란으로 신라 여기저기서 지방 호족들과 농민들의 반란이 이어지는데, 진성여왕 때 원주에서 양길이, 죽주에서는 기훤이, 상주에서는 원종과 애노 등이 반란을 일으켰어.

> 풍수지리적으로 볼 때 터가 좋지 않아.

원성왕(재위 785~798년) 신라 38대 왕으로 선덕왕에 이어 즉위. 〈삼국사기〉에는 선덕왕이 죽은 후 원래 김주원이 왕위를 잇기로 되어 있었으나, 홍수로 김주원이 알천을 건너지 못해 왕궁에 오지 못하자 이것이 하늘의 뜻이라 하여 김경신이 왕위를 계승하여 원성왕이 되었다고 하였다. 이 일은 후에 김헌창의 난의 원인이 되기도 한다.
원성왕은 〈논어〉〈효경〉을 비롯해 유교 경전의 독해에 따라 상, 중, 하 등급을 나누어 관리를 뽑는 독서삼품과를 두었고, 벽골제를 증축해 농업을 장려했다. 경주의 괘릉이 원성왕의 무덤으로 추정된다.

풍수지리설 땅이나 물의 모양과 기운을 보아 집을 짓거나 조상의 무덤을 쓰면 복을 받는다는 설. 통일 신라 말의 도선은 당나라에서 이를 배워 와, 땅의 기운이 왕성하고 순리에 따라 집과 궁궐을 쓰면 번성한다고 해, 혼란한 시기에 큰 인기를 얻었다.

김헌창의 난 김헌창은 자신 아버지인 김주원 대신 김경신이 원성왕에 즉위한 것에 불만을 품고 있다가 헌덕왕 14년인 822년 웅천주 도독으로 있으면서 난을 일으켰다. 한때 충청, 전라, 경상 등 남부 각지를 자신의 세력권으로 하였으나, 조정에서 보낸 진압군인 장웅, 균정 등에게 패하고 자신은 자살하였다. 이 일로 신라의 왕권은 더욱 약해져 갔고, 귀족과 지방 호족의 세력은 점차 커져갔다.

통일 신라 선덕왕 이후 말기로 오면서 왕위 쟁탈전으로 혼란이 가속화되다
780년

787년
북유럽의 바이킹 시대가 열리다

신라 원성왕, 독서삼품과 실시
788년

787년 바이킹 시대 개막

8세기말 북유럽의 스칸디나비아인들은 서유럽의 기독교 국가들에게 공포의 존재였어. 이들은 잉글랜드와 아일랜드, 유럽 본토와 북아프리카, 러시아와 아메리카 대륙에까지 정복의 깃발을 높이 들고 원정을 떠났어. 이들이 바로 노르만, 데인, 바랴크 등으로 불리는 바이킹이야. 덴마크와 노르웨이, 스웨덴 등에서 살던 바이킹은 국가라기보다는 함께 사는 공동체적인 성격을 띠고 있었어. 덴마크와 노르웨이 출신은 서유럽과 잉글랜드쪽으로, 스웨덴에서 살던 사람들은 러시아와 동유럽 쪽으로 진출했지. 이들이 사는 스칸디나비아는 영토가 좁고 황폐해서 자연스럽게 넓고 기름진 땅으로 나갈 수밖에 없었어.

이들은 여러 종류의 배를 이용해 전쟁과 약탈을 서슴지 않아 해적으로 알고 있지만, 이들의 정복 활동과 탐험 정신은 러시아 탄생의 계기가 되었지. 그리고 이들은 콜럼버스보다 5세기 전에 아메리카를 발견하는 등 중세 역사에서 새로운 평가를 받고 있어. 특히 바이킹의 지도자였던 롤로는 911년, 프랑크 왕인 샤를과 조약을 맺어 노르망디를 받아 정착해 새로운 국가인 노르망디 공국을 세웠는데, 후에 후손인 노르망디공 윌리엄이 잉글랜드의 앵글로 색슨 왕조를 멸망시키고 노르만 왕조(1066~1154년)를 열었어.

> 바이킹의 힘을 보여줄 때가 왔도다!

바이킹의 배 바이킹에게 배는 곧 생활이자 문화였고 자신들의 삶 자체였다. 따라서 바이킹들은 용도에 따라 다양한 배들을 만들었다. 넓은 대양을 다닐 때는 돛으로 움직이는 커다란 화물선인 '크노르'를 이용했고, 피오르드의 섬들 사이를 운항할 때는 작은 '카르브'를 이용했다.

카누트 대왕 덴마크 왕인 스벤 1세의 아들로, 아버지와 함께 잉글랜드를 정복해 잉글랜드 왕이 되었고, 이어 형이 죽자 덴마크 왕을 겸임하였으며, 노르웨이를 쳐서 노르웨이 왕위까지 올라 잉글랜드와 스칸디나비아를 잇는 대왕국을 건설했다. 그는 기독교로 개종해 교회를 보호하고 로마에 순례 여행까지 했지만 그가 죽자 그의 왕국은 분열되고 덴마크는 다시 스칸디나비아의 작은 국가로 전락하고 말았다.

김헌창의 난
822년

800년
프랑크 왕국 샤를마뉴 대제,
로마 황제 대관식

프랑크 왕국과 봉건 제도

14

메로빙거 왕조

프랑크 왕국은 서유럽에서 처음 건국된 게르만계 기독교적인 통일 국가로, 게르만 왕국 가운데 가장 강했어. 481년 게르만 민족의 대이동 이후 서게르만계의 클로비스는 라인강과 쾰른, 헤센 지역의 프랑크족을 통일해 메로빙거 왕조를 세우고 왕이 됐어.

메로빙거 왕조는 서고트 왕국과 부르군트 왕국 등 주변 나라들과 싸워 이기면서 영토를 넓혀 갔지. 그리고 496년에는 기독교로 개종해 로마 교회와 손을 잡았어. 하지만 그가 죽은 후 메로빙거 왕조는 네 아들에게 분할되면서 점차 힘을 잃어 갔어. 왕조 후반에는 분국의 궁재들의 힘이 막강해져서 이들 중 하나인 카를 마르텔이 719년 이후 통일된 프랑크 왕국의 궁재가 되어 실권을 잡았어.

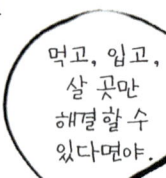
먹고, 입고, 살 곳만 해결할 수 있다면야.

충성을 다하라!

카롤링거 왕조

8세기경 서유럽과 이슬람이 대립하던 시기였어. 711년 사라센의 탈릭 장군이 에스파냐로 쳐들어가 서고트 왕국을 멸망시키고 프랑크 왕국으로 진격해 오고 있었지. 그러자 732년 프랑크 왕국의 궁재 카를 마르텔은 투르-푸아티에 전투에서 사라센 군을 물리쳤는데, 이 전투는 서유럽의 이슬람화를 막은 전투로 큰 의미가 있었지. 카를 마르텔의 아들 소(小)피핀은 751년 마침내 이름뿐인 메로빙거 왕조의 힐데리히 3세를 폐위시키고 카롤링거 왕조를 세웠어. 카롤링거 왕조는 소피핀의 아들인 샤를마뉴 대제 때 전성기를 맞았어.

샤를마뉴(카롤루스) 대제는 771년 프랑크 왕국을 다스리면서 이탈리아의 랑고바르드 왕국을 복속시키고, 이슬람 세력을 피레네 산맥 서쪽으로 몰아내는 등 주변 국가들과의 전쟁을 통해 영토를 넓혀 나갔어. 학문과 문예 부흥 운동도 일어났으며, 로마 교회와도 좋은 관계를 유지했지. 800년에는 교황 레오 3세가 그에게 서로마 황제의 관을 수여했어.

하지만 그의 아들인 경건왕 루도비쿠스가 죽은 후 프랑크 왕국은 분할 상속의 원칙에 따라 세 명의 아들에게 분할되었는데, 북이탈리아 지역의 로타르 왕국, 프랑스 지역의 서프랑크 왕국, 독일 지역의 동프랑크 왕국으로 나뉘었지.

국가의 주인은 '신'이오.

봉건 제도

중세를 특징 짓는 두 가지 요소 중 신앙적인 부분이 교황 중심의 가톨릭 체제라고 한다면, 정치적, 사회적 부분은 봉건 영주와 봉신 간의 계약으로 맺어지는 봉건 제도라고 할 수 있어.

봉건제란 무엇일까? '봉(封)'이란 '토(土)'를 쌓아 나무를 심은 모양을 나타내는데, 이는 고대부터 흙을 쌓고 나무를 심어 땅의 경계를 삼았기 때문에 영토란 의미를 가져. 즉 봉건제란 땅을 가진 영주와 봉신 간의 계약에 의해, 봉신은 영주에게 복종과 봉사를 제공하고, 영주는 봉신에게 땅을 나누어 주고 생계를 보장해 주는 것을 말하지.

언제 생겨났는가? 7, 8세기경 프랑크 왕국의 카롤링거 왕조 때부터 시작되어 점차 서유럽 전체로 퍼져 나갔어. 프랑스, 독일, 이탈리아 등 나라마다 방법은 조금씩 달랐지만 상호 계약에 의해 영주와 봉신 각자 자신의 의무를 수행했지. 이는 기원전 1000년경 중국 주나라에서 시행했던 혈연에 의한 봉건제와는 그 성격이 다르다고 할 수 있어.

언제 사라지게 되었나? 봉건제는 권력의 분권화에 큰 역할을 했는데, 12, 13세기에 들어서 교환 경제가 생기면서 상업이 발달하고 도시가 나타나자, 흩어져 있던 권력들이 국왕을 정점으로 집중되기 시작했어.

전제 군주가 일찍 등장한 프랑스부터 점차 봉건제는 무너지기 시작해, 지방의 자생 조직이 강했던 독일은 비교적 오래 유지하다가 19세기경 거의 사라졌어.

장보고는 통일 신라 후기의 장군이야. 그는 당나라의 무령군 소장으로 있다가 해적들이 인신매매를 통해 신라인들을 당나라에 파는 것을 보고 귀국해, 청해진에 군영을 설치할 것을 왕에게 건의했어. 왕이 허락하자 흥덕왕 3년에 장보고는 청해진에 1만의 군사를 길러 성책을 쌓았어. 그리고 해로를 지켜 해적들을 소탕하고 한반도 서남 해역의 해상권을 장악했지.

힘을 키운 장보고는 당나라와 일본 사이의 중개무역을 통해 경제적인 기반을 닦으면서 이 지역의 강력한 해상 세력으로 성장했어. 신라 조정의 왕위 쟁탈전에도 개입해 신무왕이 즉위하는 데 공을 세우기도 했지. 하지만 세력이 커지는 것에 불안을 느낀 신라 조정은 문성왕 8년(846년)에 자객 염장을 보내 장보고를 죽이고 말았어.

828년
장보고의 청해진 개척

나는야 바다의 왕자, 장보고!

신라방, 신라소, 신라관 통일 신라의 해상 무역이 발달하면서 당나라의 해안 지방에 세워진 신라인들의 집단 거류지를 신라방이라 한다. 신라방의 거류민들을 다스리기 위한 행정 기관은 신라소라고 하며, 특히 산둥성 등주에는 신라의 사신이나 유학승들의 편의를 제공하기 위해 이들이 유숙하는 신라관이 만들어졌다.

견당매물사 장보고가 당나라에 파견한 무역사절. 장보고가 활동하던 시절, 신라는 일반인이 외국과 교역하는 모든 사무역을 금지하던 때로, 오직 왕, 혹은 왕이 파견한 사신만이 교역을 할 수 있었다. 이 시기에 장보고가 직접 무역을 했다는 것은 장보고의 해상 세력이 그만큼 강력했다는 것을 뜻한다.

나?

828년 잉글랜드의 통일

49년 로마 황제 클라우디우스 시절에 로마인에 의해 런던 시가 만들어졌어. 그러다 81년 아그리콜라가 브리타니아를 정복하면서 로마에 의한 잉글랜드의 지배가 본격화되었지. 하지만 북방계 켈트인과 게르만 족의 침입으로 로마 제국은 브리타니아를 제대로 지키기가 어려운 실정이었어.

마침내 410년 로마 군대가 브리타니아에서 철수하자 게르만 족은 원주민들과 싸워 이겨 소왕국들을 건설했어. 앵글로족, 색슨족, 주트족 등에 의해 켄트, 에식스, 서식스, 동앵글리어, 머시아, 웨식스, 노섬브리어 등 7개 왕국이 6세기말까지 차례로 건설되었고, 웨일스 지방과 북쪽 지방에도 소왕국들이 세워졌어.

그러다 828년 웨식스의 왕 에그버트에 의해 통일이 되어 잉글랜드 왕국이 탄생했어. 잉글랜드란 앵글로족의 땅이란 뜻이야. 9세기 말부터 시작된 바이킹의 침입으로 잉글랜드는 어려움을 겪지만 에그버트의 손자인 알프레드가 이를 잘 막아 통일 잉글랜드의 기초를 닦아 놓았어.

알프레드 대왕(재위 871~899년) 브리타니아의 7개 왕국을 통일한 에그버트 왕의 손자. 잉글랜드에서 유일하게 대왕 칭호를 받을 정도로 당대 서유럽에서 가장 위대한 군주라 평가 받고 있다.
잉글랜드를 침입한 데인인(바이킹)을 물리쳐 통일 잉글랜드의 기반을 닦아 놓았다. 당시 잉글랜드는 대부분의 지역이 데인인의 지배 아래 놓여 있었으나, 알프레드는 협상을 통해 힘을 비축할 시간을 벌었다. 해군에서 쓸 군선을 만들었고, '버러'라는 요새화된 마을을 만들고, 기사군을 창설했으며, 군제를 개편해 군인의 반은 무기를 들고 전쟁 준비를 하는 반면 나머지 반은 농사를 지으며 성채를 지키게 하는 교체제를 실시하는 등 군사력 증강에 힘을 쏟았다. 또한 학교를 지으며 라틴어 책을 영어로 번역하는 등 문화 사업과 법률 제정에도 힘썼다.

발해 선왕, 영토를 확장하고 발해를 해동성국이란 칭호를 듣게 하다.
830년

843년 프랑크 왕국, 분할로 지금의 프랑스, 독일, 이탈리아가 만들어지다

장보고, 염장에게 피살되다
846년

862년 노르만족의 루릭, 러시아에 노브고로드 왕국을 건설해 러시아 역사 시작

신라 말 헌안왕 원년(857년)에 태어난 최치원은 12살에 당나라로 유학을 떠나 7년만인 874년에 급제해 벼슬을 하고 있었어. 당시 당나라는 안사의 난이 끝나고 중앙 정부의 힘이 약했던 때야.

토지 제도가 무너지면서 관리들이 백성들을 수탈하는 등 나라가 어지러웠고, 특히 소금 밀매가 성행했어. 최치원이 벼슬한 때가 소금 밀매업을 하던 황소가 난을 일으키던 때였지.

황소의 난이 한창이던 879년, 최치원은 당나라 고변의 종사관으로 〈토황소격문〉을 지어 당시 24살이던 자신의 글솜씨를 크게 떨쳤어. 얼마나 글을 잘 썼던지 이 격문을 읽던 황소가 놀라서 침상에서 떨어졌다는 이야기가 전해질 정도야.

최치원은 885년 당나라에서 귀국해 894년에는 시무 10조를 올리고 아찬이 되었지만, 혼란한 시대를 비관하여 관직을 내놓고 899년 가야산 해인사에 들어가 여생을 마쳤다고 해.

879년
최치원의
〈토황소격문〉

최치원의 격문! 글발이 장난이 아냐!

최치원의 격문

꽈당

6두품 신라의 골품제 중의 성골, 진골 다음으로 높은 등급으로 그 아래에는 5~1두품까지 있었다. 신라의 17관등 중 6관등인 아찬까지 올라갈 수 있었고, 5관등인 대아찬 위로는 올라갈 수 없었다. 이들은 비색 의복을 입었으며 승진의 제약으로 신라 말에는 골품제의 모순을 비판하고 은둔하거나 새 나라인 고려의 신진 관료로 진출하였다.
주로 지식인 층과 불교 선종 계열에 6두품이 많았는데 최치원, 최승우, 최언위 등 3최와 김헌창의 난을 진압한 녹진, 불교 선종의 성주산파를 연 무염 등이 6두품 출신이다.

3최 신라말 당나라 유학파 출신의 대표적인 지식인인 최치원, 최승우, 최언위를 말한다.

6두품 출신인 이들은 당나라에서 시행하는 해외 유학생 대상의 과거 시험인 빈공과 출신으로 최치원은 귀국해 신라 조정에서 일했으나 자신의 개혁안이 받아들여지지 않자 해인사로 은둔해 버렸으며, 최승우는 후백제의 견훤에게 의탁해 정책적인 조언을 해주었고, 최언위는 고려 조정 한림원에서 일하면서 왕건을 도왔다.

계원필경 유명한 〈토황소격문〉이 실려 있는 최치원의 시문집. 통일 신라 최고의 문장가로 이름이 높은 최치원의 뛰어난 글들이 실려 있다.

 875년
당나라, 황소의 난(~884년)이 일어나면서
멸망의 길로 들어서다

최치원, 〈토황소격문〉을 짓다
879년

신라의 위홍과 대구화상이
향가집 〈삼대목〉 편찬
888년

875년 당나라, 황소의 난으로 혼란

763년에 진압된 안사의 난 이후 당나라는 이 난의 후유증으로 몸살을 앓게 돼. 황실의 권위가 약해지고 대신 지방절도사의 세력이 강해졌지. 환관들 때문에 정치는 어지러워지고 많은 농민들이 소작농의 신세로 떨어져 생활이 어려워졌어. 더구나 국가의 재정이 어려워 소금 사업을 통해 재정을 꾸려 가는데, 소금 밀매업자들의 농간으로 소금값이 치솟아 농민들의 삶은 더욱더 힘들어졌지.

어지러운 시대를 틈타 874년 산둥성 출신의 소금밀매업자인 왕선지가 난을 일으켰어. 875년에는 같은 소금 밀매업자인 황소가 합세했지.

왕선지와 황소는 농민들을 규합해 세력을 키워 여러 주를 함락시켰어. 왕선지가 죽은 후에 황소는 880년 당의 도읍인 장안을 함락시키고 정권을 세우기도 했지. 하지만 점차 불리해지자 부하인 주온이 배반하면서 황소의 난은 수그러들다가 884년 황소의 죽음으로 난은 마무리됐어.

희종으로부터 '전충'이란 이름을 하사받은 주온은 선무절도사가 되어 황소의 잔당을 진압한 다음 당나라까지 멸망시키게 돼. 그는 후량을 건국해 황제가 되는데, 이후 중국은 960년 송이 통일할 때까지 5대 10국 시대가 열렸어.

우리 보기보다 힘이 세다구요! 흥흥!

 환관 남성의 성징을 거세하여 남성도, 여성도 아닌 중성의 특징을 가진 자로, 일찍이 중국에서는 후한과 당, 명 시대에 득세했다.
환관들은 황제의 비서 역할을 하는 경우가 많아 여러 비밀들을 알고 있었으며, 특히 후한 때는 어린 황제를 태후들이 섭정한 경우가 많아 환관이 태후의 명을 신하들에게 전달하기도 했다.
환관들은 자신만의 세력을 키우기도 하였는데, 당 현종 때의 고력사는 현종을 제거하려던 태평공주의 음모를 미리 알아냄으로써 현종의 총애를 받아 권력을 휘둘러 후에 안사의 난을 불러 오는 원인을 제공하기도 했다.
우리 나라에서는 고려말 궁궐을 지키던 내시들을 환관 중에서 임명했는데, 이들 중에는 권력을 잡아 경제적인 이득을 취하는 자들도 나타났다. 이러한 환관은 조선 시대에도 이어졌으며, 1894년 갑오개혁 때 폐지되었다.

910년
후삼국 시대

신라 말 혼란을 틈타 지방 호족과 농민들의 반란이 계속 이어졌어. 그 중에서도 세력이 강한 견훤, 궁예는 독자적으로 나라를 세웠지.

궁예는 북원(지금의 원주)의 양길의 부하로 있다가 독립해 송악에 도읍을 정하고 901년에 후고구려를 건국했어. 견훤은 892년 반란을 일으키고 900년에 후백제를 세웠지. 이렇듯 후삼국 시대는 신흥 국가인 후고구려(후에 왕건의 고려)와 후백제, 그리고 몰락해 가는 신라, 이 세 나라가 한반도 재통일을 위해 다퉜던 전쟁의 시대야.

궁예의 후고구려

신라 왕의 아들로 태어난 궁예는 왕실에서 쫓겨나 세달사의 승려로 지내다가 892년 북원 양길의 부하가 되었어. 그러다가 평산의 호족인 박지윤과 송악의 왕건 등 자신의 세력을 모아 양길로부터 독립하게 돼.

궁예는 송악을 도읍으로 삼고 901년 고구려를 부흥시킨다는 의미로 후고구려를 세웠어. 904년 나라 이름을 마진, 연호를 무태로 정하고, 이어 911년에는 나라 이름을 태봉, 연호를 수덕만세로 바꾸면서 강원, 경기, 황해도와 평안, 충청도 일부를 장악하면서 세력을 넓혀 갔지.

궁예는 자신을 미륵불이라 부르면서, 자신이 '멸도(滅都)'인 신라를 없애고 도탄에 빠진 백성을 구해 새로운 세상을 열어줄 것이라고 했어.

하지만 내부의 반궁예 세력들에게 몰리면서 신숭겸, 홍유, 복지겸, 배현경 등 그의 수하 장수들과 왕건에게 쫓겨나고 말았

나 궁예가 바로 미륵불이다!

어. 그 후 후고구려는 왕건이 세운 고려로 넘어가게 돼.

견훤의 후백제

견훤은 상주에서 난을 일으킨 아자개라는 사람의 장남이야. 하지만 아버지와는 별도로 독자적인 세력을 모아 892년에 반란을 일으켰어.

견훤은 900년 완산주(지금의 전주)를 장악하고 스스로 왕에 올라 전라도 지역을 통치 지역으로 삼았어. 완산주를 도읍으로 삼은 견훤은 나라 이름을 후백제로 하고 후고구려와 세력 다툼을 했지. 한때는 전라도와 충남, 경남 일부를 장악해 후삼국 중 가장 강한 세력을 만들기도 했어. 하지만 전라도 나주를 두고 벌인 전투에서 왕건에게 패하고, 신라를 두고 고려와 대립하면서 전세가 약화되어 갔어.

견훤은 927년 신라의 경주로 쳐들어가 경애왕을 자살하게 만들고 신라에 경순왕을 세우기도 했지만, 홍성 전투에서 패배해 웅진(지금의 공주) 이북 30여 성을 고려에게 빼앗기고 자신은 아들인 신검에게 금산사에 유폐되는 신세가 되고 말았어. 결국 후백제는 936년 신검이 일리천에서 왕건에게 패하면서 고려에게 멸망하고 말았어.

미륵불 궁예가 자신을 지칭한 미륵불은 미래에 중생을 구제하기 위한 부처로, 석가모니가 죽은 후 56억 7천만 년 후에 나타난다고 한다. 이러한 미륵을 믿는 신앙을 미륵 신앙이라 하는데 사회가 혼란할 때 대중들은 현세의 어려움을 잊기 위해 미륵 신앙에 빠지기도 한다.

신검 견훤의 장남으로 견훤이 후계자로 막내 아들인 금강을 지명하자, 이에 불복하고 아우들인 양검, 용검, 그리고 모사가인 능환의 권유로 아버지인 견훤을 금산사에 유폐하고 왕이 되었다. 하지만 견훤은 금산사에서 탈출해 왕건에게 귀순하고, 936년 직접 군사를 이끌고 신검과 맞섰는데 견훤을 본 후백제의 군사들이 대부분 항복하자 신검도 견훤이 이끄는 고려군에 항복하면서 마침내 후백제는 멸망하고 말았다.

신라의 멸망

기원전 57년 박혁거세가 나라를 세우고 668년 삼국을 통일한 신라는, 외세의 침략이 아닌 귀족들의 왕권 다툼 때문에 호족과 농민 반란 등 내부 갈등을 극복하지 못하고 결국 935년에 고려에게 멸망되고 말았어. 천년 왕국의 영화를 뒤로 하고 신라의 마지막 태자는 금강산으로 들어가 마의를 입고 세상에 나오지 않았다고 해.

왕건, 고려를
건국하다

고려, 거란과의 전쟁

918년   962년   993년   1096년   1115년

동프랑크의 오토 1세,
신성로마제국 설립

200여 년에 걸친
십자군 전쟁 시작

여진의 아구다가
금나라를 건국하다

고려,
바로 그때 한국사와 세계사
(900년대 초~1300년대 말)

묘청의 서경
천도 운동

100년 동안 이어진
무신 정권 시대 시작

공민왕의 개혁

| 1135년 | 1170년 | 1206년 | 1337년 | 1351년 | 1368년 |

몽골을 통일한
칭기즈 칸의 시
대가 열리다

영국과 프랑스의
백년 전쟁 시작

주원장, 명나라
건국

15

918년
왕건, 고려를 건국하다

고려는 통일 신라 말 후삼국의 혼란 속에서 분열된 나라를 왕건이 재통일해 세운 나라야. 1392년 조선 이성계에게 멸망될 때까지 474년간 존속했어.

왕건은 926년 발해가 멸망하자 유민들을 받아들여 백성으로 끌어안았지. 935년, 936년 신라와 후백제가 망하면서 이들 백성까지 한데 아우르는, 외세가 아닌 자주적인 힘으로 통일 국가를 완성했어.

왕건은 통일 과정에서 함께한 호족 세력을, 이제는 적절히 견제하고 끌어안는 정책을 펼쳐야 했어. 집권 초 왕건은 이들과 유대 관계를 강화하기 위한 방법으로 혼인 정책을 폈는데, 이는 고려를 한데 묶는 긍정적인 면도 있었지만, 나중에 왕권 쟁탈을 위한 싸움의 빌미가 됐어.

또한 왕건은 고려가 고구려를 계승한 만큼, 고구려의 영토 회복을 위한 북진 정책을 추진해야 했어. 하지만 북쪽에는 당시 발해를 멸망시킨 거란과 신흥 세력인 여진이 있어서 쉽지 않았지. 결국 국경선을 지금의 청천강에서 영흥 이북까지 확장하는 데 만족해야 했어.

 훈요 10조 태조 왕건이 임종을 앞두고 자신을 보필한 박술희에게 전한 후대 왕들이 지켜야 할 10가지 유훈. 그 내용은,
1. 불교를 진흥하되 승려의 사원 쟁탈을 금지할 것.
2. 사원을 마구 짓지 말 것.
3. 장자로 왕위를 잇되, 부덕하면 차자나 혹은 그 형제들 중에 신하들의 추대를 받아 세울 것.
4. 굳이 중국의 풍습을 따를 필요가 없으며, 거란의 풍습은 절대 따라하지 말 것.
5. 서경에 100일 이상 머물러 나라의 안녕을 이룰 것.
6. 연등회와 팔관회를 더하지도, 덜하지도 말게 행할 것.
7. 간하는 말에 귀기울이고, 납세와 부역을 공평히 하고 상벌을 정당하게 할 것.
8. 차현 이남과 공주강 밖의 인물을 쓰지 말 것.
9. 백관의 국록을 정당하게 지급하며, 이웃 나라를 경계하고, 훌륭한 인재에게 관직을 올려줄 것.
10. 경전과 역사서를 읽어 교훈으로 삼을 것.
이 가운데 8조는 태조 왕건이 내세운 화합 정치와 맞지 않아 일부에서는 훈요 10조가 위조되었다고도 한다.

괜히 혼인 정책을 폈어. 부인만 29명이야.

여보

여보 여보 여보 여보

907년 ▶▶▶ 955년

907년
당나라가 멸망하고 주전충이 후량을 건국해 5대 10국의 시대

왕건, 고려를 세우다
918년

발해, 거란에게 멸망되다
926년

견훤, 신라를 침공해 경순왕을 세우다
927년

907년
당의 멸망과
5대 10국의 시대

안사의 난 이후 당나라는 중앙의 힘이 약해진 대신 지방 절도사들의 힘이 막강해졌어. 그러다 875년 소금밀매업자인 황소가 난을 일으키자 이를 겨우 제압했으나, 다른 반란들이 연이어 일어나면서 황실의 권위는 땅에 떨어지고 말았어. 주전충은 황소의 부하였으나 배반해 당에 항복한 후 황소의 잔당들을 섬멸한 공으로 절도사가 됐어. 907년에 그는 당을 멸망시키고 카이펑(개봉)을 도읍으로 한 후량을 세웠어.

이후 화베이 지방은 960년 조광윤이 후주를 멸망시키고 송을 건국하기까지 약 50년간 5개 왕조가 흥망을 거듭하는 5대 시대가 열렸어. 10국은 화난과 기타 지방에서 지방 절도사들이 자신의 힘을 이용해 세운 지방 정권으로, 979년 송나라에 의해 북한이 망하기까지 70여 년간 지속됐어.

960년 건국된 송은 당나라 말기 지방 절도사들의 잘못된 정치를 거울 삼아 모든 군사력을 중앙으로 집중시켜 황제의 통치 아래 놓은 후 문신 관료에 의해 관리하게 했어.

나랑 놀 군사는 여기 붙어라.

⚔️ **후삼국과 5대 10국 시대** 10세기 초 비슷한 시기에 한반도와 중국은 통일 국가인 신라와 당나라의 멸망으로 혼란기를 겪게 된다. 우리 나라는 약 36년간 삼국의 쟁탈전 끝에 고려의 태조 왕건에 의해 936년 통일이 되며, 중국은 70여 년 혼란 끝에 979년 송나라가 통일을 하게 된다.

⚔️ **송나라(960~1279년)** 당이 멸망하고 5대 시대의 마지막 국가인 후주 출신의 조광윤이 세운 나라. 송은 군사력을 황제 아래에 두어 통제하고 문관 관료에 의한 정치를 실시했다. 예술과 문화 측면에서 풍요로웠으나, 군사력의 억제로 신흥 국가인 금에 도읍이 침략 당하고 황제가 끌려가는 등 수난이 많았던 국가이기도 했다. 개국한 지 320년만인 1279년, 몽골의 원나라에 의해 멸망되고 말았다.

신라, 고려에 항복하다
935년

후백제, 고려에 멸망되다
936년
동프랑크의 오토 1세, 작센 왕조 시작

왕건, 훈요 10조를 전하다
943년

956년
광종의 개혁

이젠 유교로 다스려야 합니다.

949년, 정종에 이어 즉위한 고려 4대 왕인 광종은 태조 왕건의 넷째 아들로, 고려 초 개혁 군주로 알려져 있어.

광덕과 준풍이란 독자적인 연호를 사용했던 광종은, 노비안검법을 실시해 원래 양인이었던 사람들 중에 노비로 있는 사람들을 조사해 다시 양인으로 만들어 주었어. 전쟁 포로나 빚을 갚지 못한 양인 중에 노비가 된 사람들을 호족들이 소유해 자신들의 세력으로 삼았는데, 이는 왕권을 약화시키는 원인이 되었어. 그러자 광종은 노비안검법으로 국가 세금의 재원도 확보하고, 호족 세력의 약화와 왕권 강화라는 목적을 이룰 수 있었지.

또 후주에서 귀화한 쌍기의 건의로 958년엔 과거제를 실시해 인재를 뽑아 양성하고, 관복을 제정해 관료들의 서열을 체계화했어. 광종의 개혁에 이어 성종은 최승로의 〈시무 28조〉를 받아들여 유교를 이념으로 삼고, 중앙 집권적인 정치 제도를 확립했어.

최승로(927~989년) 신라 6두품 출신인 아버지를 따라 고려로 와 12세 때 태조 왕건 앞에서 〈논어〉를 암송하는 등 학문의 자질이 뛰어났다. 그는 성종이 즉위한 이듬해인 982년 불교를 멀리하며 유교에 기반을 두고 나라를 다스릴 것을 주장하며 〈시무 28조〉를 올려 고려의 정치, 사회의 기초를 닦은 인물이다.

노비안검법과 노비환천법 광종이 호족 세력이 강해지는 것을 방지하기 위해 실시했던 노비안검법은 호족뿐 아니라 왕실에서조차 반대가 심했다.
그러다 성종 때 최승로가 노비였다가 양인이 된 자들이 옛 주인을 모욕하고 신분제를 문란하게 한다고 하여 이들을 다시 노비로 할 것(노비환천)을 건의, 성종 7년인 987년에 노비환천법이 시행된다.
이로 인해 고려 사회는 신분제가 더욱 튼튼해지지만, 고려 말 무신 정권 등으로 신분제 사회가 동요되고 만적의 난 등 노비 해방 운동이 거세게 일어나게 된다.

나도 출세할 수 있다.

과거시험
D-100日
-?-

광종, 노비안검법 실시
956년
농경의 시작

과거 제도 실시
958년

백관의 공복을 제정
960년
중국 후주의 조광윤, 송나라 건국

962년
오토 1세, 신성로마제국 설립

신성로마제국이란 동프랑크 작센 왕조의 오토 1세가 로마 교황으로부터 황제의 관을 받은 후부터 1806년 프란츠 2세까지의 독일을 나타내는 말이야. 800년 프랑크 왕국의 샤를마뉴 대제가 로마 교황을 롬바르드족으로부터 구해내 교황이 그에게 황제의 관을 씌워 주었어.

이후 프랑크 왕국은 로타르 왕국, 서프랑크 왕국, 동프랑크 왕국으로 나뉘었지. 동프랑크의 오토 1세는 국내의 귀족 세력을 억제하고 왕의 세력을 강화하기 위해 기독교와 손을 잡았어. 로마 교황이 귀족들에게 억압을 받자 교황을 구해 주기도 했지. 그러자 교황 요한 12세는 오토 1세를 로마의 수호자로 여기며 황제의 관을 씌워 주었고, 이후 독일 왕이 신성로마제국 황제가 될 수 있었어.

난 신성 로마제국 황제야.

할렐루야

독일의 왕 선출법 독일의 왕은 곧 신성로마제국의 황제가 될 수 있는 자격을 갖추는 것으로, 혈통에 의한 승계와 제후의 선거를 충족시킴으로써 왕이 될 수 있었다.
전 왕의 혈통에 따라 왕위 계승자가 정해지면 7명으로 구성된 선제후(선거권을 가진 귀족)들이 왕을 선출했다. 이러한 전통은 1356년 카를 4세의 금인칙서에 따라 확정되었으며 왕은 다수결로 선출되었다. 왕으로 선출되면 아헨에서 국왕 대관식을 갖고, 다시 로마에서 교황에게 황제의 관을 받으면서 신성로마제국의 황제가 되었다.
하지만 1508년 막시밀리언 1세 이후 로마에서 황제의 관을 받는 형식은 없어지고, 국왕 대관식이 끝나면 곧 제국의 황제가 되었다.

962년 오토 1세, 신성로마제국 설립

고려의 토지 제도인 전시과 시행
976년

979년
송나라, 북한을 멸망시키고 중국 통일, 5대 10국이 끝나다

최승로, 성종에게 〈시무 28조〉 올리다
982년

의창 설치
986년

고려의 사회와 정치 제도

고려는 왕건이 지방 호족들의 힘을 모아 세운 나라로, 초기에 호족들의 세력이 강하고 왕권이 약했어. 그러다 4대 군주인 광종은 왕권 강화를 위한 개혁을 실시하고, 6대인 성종 대에 이르러 유교 중심의 중앙 집권적인 통치 체계가 만들어졌어.

집권 초 왕권의 불안

고려를 세운 태조 왕건은 집권 초 마군장군 환선길의 반란을 시작으로, 웅주 성주 이흔암의 역모 등 왕권을 뒤흔드는 여러 반란을 겪었어.

왕건에 이어 혜종은 호족인 왕규에게 여러 번 암살 당할 위기에 처하기도 했어. 이렇게 고려의 왕실은 건국 초기에 크고 작은 반란과 역모, 왕권 쟁탈전 등으로 불안한 상태였어.

광종의 개혁

그러다 광종이 집권하면서 고려의 조정에는 한바탕 정치 개혁의 회오리가 몰아쳤어. 광종은 집권 초에는 호족들과 비교적 잘 지냈어. 그러다 집권 중, 후반기 노비안검법과 과거제 실시를 시작으로 왕권을 강화하고 호족의 세력을 약화시켜 나갔지.

또 관리들의 옷 색깔을 지위의 상하에 따라 다르게 해서 왕과 신하, 신하와 신하 사이의 관계를 분명히 했어.

잘 지내다 왜 저래?

지방 방송 끄라구!

고려 -광종-

중앙과 지방 제도

6대 왕인 성종은 최승로의 〈시무 28조〉를 참고로 유교를 기반으로 한 정치 제도를 정비했어. 중앙 행정은 2성 6부 체제로 하고, 왕명을 받드는 요즘의 비서실 역할의 중추원, 관리들을 단속하고 감찰하는 어사대, 국가의 재정을 담당한 삼사를 두었어. 그리고 왕 직속의 군사 회의체인 도병마사와 제반 격식 등을 논의하는 식목도감이 있었지. 그 밖에 왕이 권력을 마음껏 행사하지 않도록 견제하는 대간 제도도 있었는데, 어사대와 중서문하성의 관리로 구성된 서경 제도가 대표적이야.

성종 3년인 983년에는 지방에 12목을 두어 중앙에서 주목을 파견하여 지방 호족을 견제했어. 그러다 995년에는 전국을 10도, 129주 449현 7진으로 나누어 중앙에서도 지방을 효율적으로 관리할 수 있도록 지방 제도를 체계화했어.

성종(재위 981~997년) 고려 6대 왕으로 유교를 기반으로 한 중앙과 지방 통치 제도를 만들어 중앙 집권적인 국가를 완성하는 데 큰 기여를 한 왕이다.
성종 재위 동안에 유교가 숭상되면서 연등회, 팔관회 등 불교 행사가 폐지되는 등 불교가 잠시 쇠퇴한다. 비록 38세란 젊은 나이로 죽어 재위 기간이 길지 않았으나 비교적 어진 왕으로 평가받고 있다. 하지만 그의 사후 목종이 즉위하면서 고려는 강조의 난 등 한바탕 피바람이 몰아치게 된다.

군사 제도

중앙에는 2군 6위를 두었고 지방에는 주현군과 주진군을 두었어. 2군은 왕의 친위대였고, 6위는 요즘의 수도방위사령부와 유사한, 개경의 수비를 맡은 조직이었대.

토지와 조세 제도

고려의 토지 제도는 전시과가 기본이야. 전시과란 토지의 관리를 국가가 갖고, 현직에 있거나 퇴직한 사람의 지위에 따라 '전토(田土, 경작용 땅으로 논밭을 말함)'와 '시지(柴地, 땔감용을 위한 땅으로 대체로 임야를 말함)'를 지급했다고 해서 이름이 붙여졌지.

전시과는 5대 왕인 경종 때인 976년에 처음 시행됐어. 그러다 목종 1년인 998년에 관직을 18과로 나누고 군인에게도 토지를 지급하도록 바꾸었다고 해서 '개정전시과'로 바꿔 시행됐어. 11대 왕인 문종 때에 토지 지급 결수가 줄고 현직 관리에게만 지급하는 '경정전시과'가 시행됐지.

전시과를 통해 땅을 지급 받은 관리는 세금를 거둘 수 있는 권리를 가졌는데, 일반 농민들은 땅을 경작해 수확할 경우, 국가의 땅은 수확의 1/4을, 관리나 관청의 땅은 수확의 1/2을 세금으로 내야만 했어. 그리고 자신이 소유한 땅이 있을 경우 수확의 1/10을 세금으로 냈어.

이 밖에 평민들은 공납과 요역의 의무를 졌는데, 공납이란 지방 특산물을 국가에 바치는 것이며, 요역은 군대에 들어가거나 국가 사업에 노동력을 제공하는 것을 말해.

교육과 과거

고려의 대표적인 교육 기관은 종합 대학 성격인 국자감과 사학이라 할 수 있는 최충의 문헌공도를 중심으로 한 12공도였어. 국자감은 성종 때 국가를 위한 유능한 관료를 선발하기 위해 세운 국립 대학이야. 문헌공도는 고려 문종 때 문하시중을 지낸 최충이 관직을 떠난 후 세운 사립 학당을 말해. 최충은

학당을 9개로 나누어 전문적으로 학문을 배울 수 있도록 했는데, 귀족들 사이에 인기가 대단해 이 곳에 입학하기 위해 줄을 섰다고 해. 그러자 여러 학자들도 사립 학교를 세우게 되는데 그 중에 최충헌의 문헌공도와 11공도를 합해 12공도라 불렀어.

과거는 광종 때 처음 실시했으며, 관리로 진출하는 문과와 기술관으로 나가는 잡과, 승려가 되는 승과가 있었어. 무인이 되는 무과는 고려 말에야 생겼어.

이 밖에 5품 이상 관리를 지냈거나 국가에 공을 세운 아버지, 할아버지를 둔 사람은 음서라고 해서 과거를 보지 않고도 관리가 될 수 있었지.

불교 문화

태조 왕건이 훈요 10조에 언급할 정도로, 고려는 대체로 불교를 우대하는 왕조였어. 물론 성종 때의 최승로처럼 불교의 폐단을 언급하며 불교를 억제하자는 사람들도 있었지만 왕실과 호족들의 보호로 호국적이며 현세 구복적인 불교로 성장해 갔어.

고려 초기에 불교는 교종의 5교와 선종의 9산으로 대립되기도 했어. 그러다 문종의 아들인 대각국사 의천이 교선일치를 주장하며 먼저 교종을 통합한 천태종을 창시해, 교관겸수(교(敎)와 관(觀)을 함께 닦는다는 뜻으로 경전과 선(禪)의 수행을 함께 하여 진리에 이르러야 한다는 주장)를 주장했지.

천태종이 왕실과 귀족들의 보호 육성으로 발전한 반면, 보조국사 지눌은 부처는 중생을 떠나서는 살 수 없다고 하면서 돈오점수와 정혜쌍수를 주장했어. 지눌은 '선은 부처의 마음이요, 교는 부처의 말씀'이라면서 9산을 통합하여 조계종을 창시했어.

서경 제도 어사대와 중서문하성의 관리들로 이루어진 대간들이 법을 개정하거나 관리를 임명할 때 참여할 수 있도록 한 제도를 서경 제도라고 한다. 이는 고려 때 왕이 독단으로 법을 고치거나 마음대로 관리를 임명하지 못하도록 한 제도로 관리들이 왕을 견제할 수 있는 하나의 수단으로 볼 수 있었다.

기인 제도 태조 왕건 때 지방 호족들의 자제를 개경으로 불러 볼모로 삼음으로써 지방 호족 세력을 견제하는 제도.

사심관 제도 중앙의 고위 관리를 자기 고향의 사심관으로 임명해 그 지방의 치안을 담당하게 함으로써, 왕이 중앙에 거주하는 호족을 통해 지방을 효율적으로 통제할 수 있는 제도.

2성 6부 2성은 중서문하성과 상서성이며, 상서성 아래에 행정 실무를 담당하는 이, 병, 호, 형, 예, 공부 등 6부를 두었다.

993년

거란과의 전쟁

거란은 만주, 몽골에 흩어져 살던 유목 민족으로 913년 야율아보기가 부족들을 통합해 스스로 황제가 됐어. 926년엔 발해를 멸망시키고 만주의 대부분을 차지했지. 946년 국호를 '요'로 바꾸고 남쪽으로 확장하던 중 960년에 건국한 송과 대치했어. 그러자 거란은 송과 밀접한 고려를 치기 위해 3번에 걸쳐 고려를 침입했어. 1차(993년)는 서희의 담판으로 거란이 물러갔으며, 2차(1010년)는 강조의 정변을 구실로 침략해 수도인 개경이 함락되고 왕인 현종이 나주까지 피난갔어. 3차(1018년)는 소배압이 10만 군사를 이끌고 침략했으나 강감찬 장군이 흥화진에서 거란군을 대파한 후 철수하는 거란군을 다시 귀주에서 물리쳐, 1125년 거란이 멸망할 때까지 다시 고려를 침략하지 않았어.

다시는 고려를 침범하지 않을 게요.

거란족, 겁을 상실했구나!

옴마얏!

강민첨 거란의 3차 침입 때 강감찬의 부장으로 전쟁터에 나가 흥화진에서 거란군 격퇴에 큰 공을 세운 인물.

천추태후(964~1029년) 태조 왕건의 손녀로 고려 5대 왕인 경종의 비. 외가의 성을 따라 황보로 성을 바꾸었으며, 997년 6대 왕인 성종이 죽고 자신의 아들인 목종이 왕위에 오르자 섭정을 시작했다.
자신이 머무는 곳이 천추궁이라 하여 천추태후로 불렸으며, 생전에 외척인 김치양과 밀접한 관계로 둘 사이의 아들을 목종의 후계자로 삼으려고 했으나 실패했다. 그러자 김치양이 목종을 죽이려고 난을 일으켰으나 강조에 의해 제압되고 결국 천추태후는 권력에서 물러나고 말았다.

서희(942~998년) 고려초의 문신으로, 광종 11년에 18세의 나이로 문과에 급제하여 관직에 진출했다. 972년 송나라의 사신으로 가 단절되었던 송나라와의 관계를 회복하고 돌아왔으며, 993년 거란의 1차 침입 때 서경 이북을 거란에게 내주자는 의견에 강력 반발하여 국서를 들고 적장 소손녕과 담판을 하여 거란군을 철수시켰다.

강감찬(948~1031년) 고려의 명장으로 거란 3차 침입 때 소배압의 10만 대군을 귀주에서 섬멸시켜 승리로 이끌었다. 서울의 낙성대는 그가 출생한 곳으로 별이 떨어진 터라는 의미에서 낙성대라고 하였다.

우리 나라 최초의 화폐로 철전과 동전 2가지가 있었다.

987년 ▶▶▶ 1037년				
성종, 노비환천법 시행 **987년** 프랑스, 카롤링거 왕조가 멸망하고 카페 왕조 시작	서희, 거란의 소손녕과 담판 **993년**	건원중보 주조 **996년**	천추태후 섭정 **997년**	

870년 메르센 조약에 따라 프랑크 왕국 카롤링거 왕조의 샤를 2세는 서프랑크 왕국을 물려 받아 지금의 프랑스 영토의 기초를 마련했어. 하지만 카롤링거 왕조 후반에는 귀족들의 세력이 강해져 왕조의 마지막 왕인 루이 5세가 죽자 귀족인 위그 카페가 왕권을 탈취해 왕위에 올라 카페 왕조를 열었어.

초기에는 파리와 오를레앙 지역에만 왕권이 미쳤을 뿐 여전히 귀족들의 세력이 왕권을 위협했지. 그러다 존엄왕 필리프 2세와 성왕 루이 9세 때 왕권이 강해졌어.

14대 340여 년 이어졌으며 1328년 샤를 4세가 후사가 없이 죽자 필리프 6세가 발루아 왕조를 열었어. 그러자 잉글랜드의 에드워드 3세가 자신의 어머니가 카페 왕조 출신이라는 이유로 프랑스 왕위 계승권을 주장했지. 이는 백년 전쟁의 빌미가 되기도 했어.

987년 프랑스 카페 왕조 성립

 발루아 왕조(1328~1589년) 카페 왕조의 뒤를 이은 프랑스 왕조로 백년 전쟁의 빌미를 제공한 왕조이기도 하다. 262년 왕조 기간 동안 백년 전쟁을 시작으로, 흑사병과 자크리의 농민 반란이 일어나 국내적으로 혼란한 시기가 이어졌으나 점차 안정을 되찾아가며, 프랑스 영토 내에 있던 영국의 영토를 대부분 회수해 프랑스의 실질적인 통일 이룬 왕조이기도 하다.

 루이 9세(재위 1226~1270) 7차, 8차 십자군 전쟁을 이끈 프랑스 카페 왕조의 왕으로, 독실한 신앙심으로 성인의 반열에 올라 성왕(聖王)으로 불리기도 하였다. 그는 비록 두 번의 십자군 전쟁에서 모두 패하여 결국 흑사병으로 사망하고 말았으나, 당시 그를 기리는 그림들에는 그의 신앙심을 찬양하는 것들로 가득했다.

강조의 정변이 일어나
현종이 즉위
 1009년

초조대장경 조판 시작
(~1087년)
 1011년

1016년
덴마크의 카누트 왕, 잉글랜드 왕에
올라 덴마크가 잉글랜드 지배

강감찬, 귀주에서
거란군 섬멸
1019년

1028년
카누트, 노르웨이
왕도 겸임

천리장성
공사 시작
1033년

3차에 걸친 거란의 침입을 겪은 고려는 북방 민족의 침략에 대비해야 했어. 서희, 강감찬 등 탁월한 장수들에 의해 전란을 잘 넘겼지만 철저히 예방할 필요를 느꼈던 거야. 그래서 덕종 2년인 1033년 고려는 거란과 여진의 침략에 대비하기 위해 평장사 유소의 감독 아래 천리장성을 만들기 시작했어.

서쪽은 압록강이 바다로 빠져나가는 곳에서부터 시작해서 강동 6주를 포함해 함경도 도련포에 이르는 곳까지 연결해 마침내 1044년에 완성했지. 천리장성의 완성으로 고려는 북방 민족의 침략 위험을 덜면서 안정된 정치를 펼쳐 문종 때 태평성세를 이루게 돼.

1044년 천리장성 짓다

> **강동 6주** 993년 거란의 1차 침입 때 고려의 서희는 거란의 소손녕과 담판으로 거란과 강화를 맺었다. 그러면서 서희는, 거란과의 외교 관계를 갖기 위해서는 압록강 동쪽 지역의 여진이 가로막고 있어 어려우므로, 이 지역의 여진을 몰아내야 한다고 주장했다.
> 소손녕과의 담판이 성립되자, 서희는 다음 해에 여진을 몰아내고 장흥, 곽주, 귀주, 안의진 등 강동 6주를 만들어 고려는 국경을 북으로 확장하는 계기가 되었다.

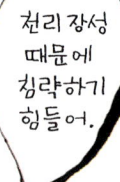

천리 장성 때문에 침략하기 힘들어.

셀주크 왕조는 1307년 오스만 제국에 멸망할 때까지 아나톨리아, 흔히 소아시아라고 하는 지금의 터키 지역에서부터 인도 펀자브 지역까지 이르는 이슬람 제국 왕조야.

셀주크투르크족은 중앙 아시아의 투르크 족의 하나로, 9세기경 이슬람을 받아들인 후 쿠라산에서 살다가 1038년 투그릴 베그가 왕조를 열고, 이란의 사만 왕조를 병합했어. 그런 다음 1055년 부와이흐 왕조를 멸망시키고 이어서 1058년에는 아바스 왕조의 칼리프로부터 '술탄'이란 칭호 받으며 제국의 기틀을 만들었지.

2대 술탄인 알프 아르슬란은 1071년 비잔틴 제국의 황제 로마누스 4세와 싸워 포로로 생포했고, 예루살렘을 정복하기도 했어. 3대 술탄인 말리크 샤에 이르러 황금기를 맞은 셀주크 왕조는 이후 십자군 전쟁과 정권 다툼 등으로 쇠퇴하면서 1157년 여러 분파 소국으로 분리되다가 차츰 소멸되어 갔지.

1038년 투그릴 베그, 셀주크 왕조를 열다

술탄 칼리프가 종교 지도자라면 술탄은 정치적인 지도자를 의미한다. 초기에는 칼리프로부터 권한을 위임받아 일정 지역을 다스리는 통치자의 역할을 수행했으나, 점차 의미가 확대돼 오스만 제국의 무라드 1세 때는 이슬람 최고 통치자이자 실질적인 지배자를 지칭하였다.
원래 칼리프가 임명하던 것에서 술탄 스스로 칼리프라고 칭하는 경우도 생겨나, 16세기 초부터 술탄들은 칼리프를 겸하며 명실상부한 이슬람 최고권자가 되었다.

많이 컸네, 술탄.

비켜, 칼리프. 이제 술탄 시대야!

신성로마제국 황제인 하인리히 3세는 자신이 천거한 클레멘스 2세를 교황으로 즉위시켜 강력한 황제권을 발휘

1154년까지 79년간 존속한 왕조로 영국에 봉건제를 도입

천리장성 완성
1044년

1038년 ▶▶▶ 1106년

1038년
투그릴 베그, 셀주크 왕조를 열다

1039년
하인리히 3세, 최강의 황제 권력

1066년
영국 윌리엄 1세, 노르만 왕조 열다

1077년
카노사 굴욕

1096년
제1차 십자군 원정

1096년
십자군 전쟁

1095년 11월 클레르몽에서는 가톨릭 공의회가 열리고 있었어. 여기에서 로마 교황 우르바누스 2세는 참석한 성직자와 귀족들에게 기독교도들 사이에 평화를 유지하자고 이야기했어. 하지만 그뿐 아니라 동방 기독교도들의 보호와 이슬람에게 빼앗긴 성지 예루살렘을 회복하기 위해 군사적인 조치도 필요함을 역설했어.

당시 로마 교회와 비잔틴 제국은 1071년 셀주크투르크족에게 비잔틴 제국의 황제가 포로로 잡혀 가는 등 이슬람 세력의 확장에 위협을 느끼고 있었어. 공의회에 모인 성직자와 귀족들은 교황의 제안에 대부분 찬성하고 십자군 원정을 약속했어. 이러한 결정으로 무려 200여 년에 걸친 십자군 전쟁이 시작되고 있었지.

1096년 마침내 예루살렘 탈환을 위한 제1차 십자군 원정을 시작으로 8차에 걸친 십자군 전쟁의 서막이 오르고 있었어.

제1차 십자군 전쟁(1096~1099년) 십자군을 모으기 위해 성직자들이 포교 활동을 벌이던 중 피에르라는 한 은자가 나귀를 타고 다니며 민중들을 선동, 민중십자군을 결성해 기사 고티에가 이끄는 십자군에 뒤이어 콘스탄티노플로 떠났어. 이들은 대부분 가난한 농민들로 행군 도중 식량 부족으로 절도와 약탈을 할 수밖에 없었지. 이 때문에 보복 공격을 받아 아나톨리아(소아시아)에서 투르크 군의 공격으로 상당한 병력이 전사하고 소수만이 콘스탄티노플에 올 수 있었어.

고티에와 피에르의 민중십자군에 뒤를 이은 또 다른 민중십자군들은 도중에 유대인을 학살해, 그에 대한 보복으로 헝가리군에 의해 거의 모든 십자군 병사들이 괴멸되고 말았어.

프랑스와 노르만인으로 구성된 정규 십자군은 뒤늦게 출발해 콘스탄티노플에 도착했어. 십자군은 에데사와 안티오크를 정복하고 마침내 1099년 여름에 예루살렘에 입성해 예루살렘 왕국을 건설했지.

나도 십자군이 될 거야.

제2차 십자군 전쟁(1147~1149년)

1144년 시리아 지역의 기독교 중심지인 에데사(지금의 터키 동남부 우르파 지역)가 이슬람군에게 점령당하자 프랑스의 루이 7세와 독일왕 콘라트 3세의 지휘로 십자군이 결성, 원정에 나섰어.

시리아의 다마스커스를 포위했지만 별 성과 없이 돌아오고 말았지.

제3차 십자군 전쟁(1189~1192년)

1187년 이집트의 이슬람 왕조인 아유브 왕조를 창시한 술탄 살라딘이 예루살렘을 정복하자 3차 십자군이 결성됐어.

독일의 프리드리히 황제와 프랑스의 필리프 2세, 잉글랜드의 리처드 1세 등 삼국의 왕들이 지휘했다고 해서 일명 '삼국 왕 십자군'이라고 부르기도 해. 하지만 프리드리히 황제는 도중에 죽고, 리처드 1세와 앙숙 관계인 필리프 2세가 자기 나라로 귀국해 버리자 마지막까지 남은, 사자왕으로 불린 리처드 1세가 십자군을 지휘해 예루살렘 부근에서 살라딘과 싸워 승리했어.

소년십자군 1212년, 프랑스의 소년 목동 에티엔과 독일의 니콜라스의 주도 아래 5만여의 소년소녀들이 모여 결성된 십자군으로, 순수한 신앙의 힘으로 예루살렘을 탈환하고자 하였으나 악덕 상인의 꾐에 빠져 대부분 노예로 팔려가거나 물에 빠져 죽고 말았다. 당시 십자군 열풍의 한 단면을 보는 비극적 사건이다.

사자왕 리처드 1세 제3차 십자군 전쟁을 주도적으로 이끈 영국의 왕. 그는 재위 기간 대부분을 십자군 전쟁과 프랑스에서 보냈으며, 특히 왕위를 찬탈했던 아우인 존 왕으로부터 다시 왕위를 빼앗았으나 막대한 전쟁 비용과 포로로 잡혔다가 풀려나면서 지불한 몸값 등으로 백성들을 곤궁에 빠뜨리기도 했다. 하지만 중세 기사의 영웅적인 행동으로 로빈후드 등 많은 이야깃거리를 남기기도 했다.

십자군은 예루살렘 북서부의 아크레까지 진격했지만 예루살렘 탈환에는 실패하고 살라딘과 휴전 협정을 맺는 데 그치고 말았어.

제4차 십자군 전쟁(1202~1204년) 교황권의 최전 성기에 이노센트 3세가 발동한 4차 십자군 전쟁 은 이집트를 목표로 했어. 당시 십자군의 수 송을 베네치아가 맡고 있었는데, 비잔틴 제국 의 정쟁을 이용해 오히려 십자군이 콘스탄티 노플을 함락시키고 그 곳에 라틴 제국을 세우게 돼. 이 때문에 1261년까지 일시적으로 비잔틴 제국은 멸망하고 말았어. 그러자 제국의 황족들은 주변에 작은 국가들을 건설했는데, 그 중 하나인 니케아의 황제 미카엘이 라틴 제국을 멸망시키고 비잔틴 제국을 다시 찾게 돼.

제5차 십자군 전쟁(1217~1221년) 4차에 이어 이노센트 3세가 다시 제 안한 십자군은 또다시 이집트 공략에 나섰으나 실패하고 말았어.

제6차 십자군 전쟁(1228~1229년) 십자군 참전을 조건으로 신성로 마제국의 황제에 오른 프리드리히 2세가 참전을 미루자 교황은 황 제를 파문해 버렸어. 그러자 황제는 십자군을 결성해 참전했는데, 이집트 아유브 왕조의 술탄 알 카밀과 평화 협상을 체결해 기독교 인들이 10년간 자유롭게 예루살렘을 통행할 수 있도록 했어.

제7차 십자군 전쟁(1248~1254년) 다시 이슬람에게 예루살렘을 빼 앗기자 교황 이노센트 4세는 십자군을 결성했어. 프랑스 루이 9 세의 지휘 아래 십자군은 이집트로 진군했지. 초기에는 승리를 거 두는 듯했으나 투르크족의 맘루크들에 의해 패배, 루이 9세는 포로로 잡 혔다가 막대한 배상금을 물고 풀려나게 돼.

제8차 십자군 전쟁(1270년) 다시금 전열을 정비한 루이 9

세가 십자군을 이끌고 튀니스를 공격하고 있었는데, 그만 병으로 죽고 말았어. 십자군은 전쟁을 중지할 수밖에 없었지.

그러다 1291년 이집트 맘루크 왕조의 술탄인 칼릴이 군대를 이끌고 아크레로 진군하여 점령해 버리고 팔레스티나 전역을 이슬람의 지배 아래 두면서 십자군 전쟁은 종지부를 찍게 돼.

템플기사단 십자군 전쟁 때 만들어진 최초의 기사단으로 예루살렘의 솔로몬 신전 터를 근거지로 해 성지 수호에 힘을 쓴 기사단

독일기사단 십자군 3대 기사단의 하나로 3차 십자군 원정 때 병자 구호를 위해 설립되었으며, 성지 수호와 병자 구호를 함께 했다.

요한기사단 프랑스 제라르 수사에 의해 간호를 목적으로 세워진 단체였다가 템플기사단의 뒤를 이어 종교 기사단으로 설립, 전쟁 참여도 하였지만 창설 취지인 병자 구호에 큰 힘을 기울였다.

이렇듯 장장 200여 년에 걸친 십자군 전쟁이 계속되면서 중세의 교황권도 서서히 몰락하고 있었지. 예루살렘을 탈환하겠다는 목표도 이루지 못한 채 전쟁이 끝나면서 교황의 힘은 약화되어 갔어. 그와 함께 영주와 기사 계급들도 몰락해 가고 왕권이 강화되면서 봉건제 사회가 무너지는 계기가 돼.

그런 반면 도시와 상공업 발달이 발달하면서 교류를 통해 동방 무역이 활발하게 이루어지게 됐지. 또한 이슬람 문화와 비잔틴 문화가 유럽으로 들어오게 되었어.

1107년
윤관의 9성 개척

만주 지역에 살던 여진족은 고려 초 고려를 '부모의 나라'로 섬기고 무역을 통해 큰 마찰 없이 지냈어. 그러다 11세기 후반 여진족은 통일 세력으로 성장하면서 국경이 맞닿아 있던 고려와 잦은 분쟁을 일으켰어. 특히 완옌부의 세력은 고려로서도 무시할 수 없을 정도였지. 그래서 고려는 윤관에게 별무반을 만들어 여진을 공략하도록 했어.

윤관은 여진족을 몰아내고 함경도 일대에 9개의 성을 만들어 남쪽 주민들을 이주케 했지. 이로 인해 고려의 국경선은 북쪽으로 이동해 영토가 넓어졌지. 하지만 곧이어 여진과 화친하자는 의견이 고려 조정 안에서 분분하여 9성을 여진에게 내주게 돼.

별무반 여진에게 연이어 패한 이유가 여진의 주력군이 기병이라는 것을 알고, 윤관이 건의해 만든 특수 군사 조직의 명칭. 기병 부대인 신기군과 보병 부대인 신보군, 승병으로 구성된 항마군 등 3개 부대로 되어 있었다. 특히 신기군은 말이 있는 사람이라면 귀족이나 상인, 노비 가리지 않고 소속되었다고 하는데, 윤관이 여진 정벌에 나선 별무반이 17만 명 정도나 되었다.

별무반을 동원해 함경도에 9성을 쌓았으나, 여진이 곧바로 반격해 일진일퇴를 거듭하던 중 전쟁 비용을 감당하기도 힘들고, 개경과 멀다는 이유로 화친론이 일어 9성을 여진에게 내주고, 별무반은 해체되었다.

특공
별무반
타다 다

1107년
▶▶▶
1134년

윤관, 함경도 일대에
9성을 만들다
1107년

1113년
요한기사단이 수도회로 세워졌다가 후에 기사단으로 설립

1115년
여진의 아구다,
금나라 건국

1118년
템플기사단 창설

여진족은 만주 지방에 살던 민족으로, 숙신, 읍루, 말갈 등으로 불리기도 했어. 고구려와 발해, 요나라의 지배를 받고 있다가 요나라가 힘이 약해진 틈을 타서 완옌부(완안부)의 족장인 아구다(아골타)가 나라를 세우고 이름을 금(金)이라 했어.

금의 태조 아구다는 자칭 황제라고 하면서, 1122년 송나라와 함께 요나라를 쳐서 연경(지금의 베이징)을 점령했고, 여진 문자도 만들도록 했지. 다음 황제인 태종은 1125년 요나라를 멸망시킨 데 이어 송나라를 침공해 전, 현 황제인 휘종과 흠종을 끌고 갔어. 송나라는 강남으로 쫓겨가 남경에서 남송을 열었지. 이후 금은 남송을 계속 괴롭히다가 5대 황제인 세종 대(재위 1161~1189년)에서야 남송과 화친하고, 여진 문자로 경전과 역사책을 번역하는 등 전성기를 맞았지.

하지만 얼마 지나지 않아 북쪽에 등장한 몽골족의 침입으로 도읍을 옮기고, 남송과는 다시 긴장 상태가 됐어. 그러다 몽골과 남송 연합군에 의해 마지막 황제인 애종이 도망다니다 결국 1234년 건국 120년 만에 멸망하고 말았어. 뿔뿔히 흩어진 여진족들은 만주 지역에서 부족 단위로 살다가 후에 누르하치가 1616년 이들을 모아 후금을 세웠는데, 이 나라가 바로 명나라에 이어 중국을 지배한 청나라야.

1115년
여진의 아구다, 금나라 건국

맹안모극 금나라의 군사, 행정 제도. 군사 제도로 100명의 병사로 1모극군을, 10 모극군을 1맹안군으로 하여 각각 모극과 맹안이 수장이었다. 행정 제도로 300호를 1모극부로 하고, 10 모극부를 1맹안부로 하여 역시 모극과 맹안을 수장으로 하였다.

신성로마제국 황제인 하인리히 5세와 교황 칼리스투스 2세가, 종교 부분은 교황이, 세속 부분은 황제가 갖는 것으로 타협

이자겸의 난
1126년

금나라가 송의 도읍인 카이펑을 함락시키고 송의 현, 전 황제인 흠종과 휘종을 포로로 끌고간 사건

1122년
보름스 협약으로 교황과 황제가 타협

1125년
금의 태종, 요나라를 멸망시키다

1127년
송나라, 정강의 변으로 고종이 남송 건국

어린 나이에 왕이 된 고려 17대 왕인 인종은 장인이면서 외할아버지이기도 한 이자겸에게 왕위를 뺏길 뻔했어. 다행히 이자겸의 난은 진압되었지만, 인종은 왕권을 강화해야겠다고 생각하고 개혁 세력을 쓰게 돼. 그리고 수도를 옮겨 개경에 근거를 둔 전통 문벌 귀족 세력들의 힘을 약하게 하려고 했지.

왕의 후원을 받은 묘청은 수도인 개경에서 지금의 평양인 서경으로 옮기자고 주장했어. 하지만 자신의 이러한 계획을 성급히 추진하려다 귀족들의 반대에 부딪혔어. 더구나 나중에는 오히려 왕의 견제까지 받게 되었지. 그러자 독자적으로 서경을 중심으로 천도 운동을 벌였어. 하지만 김부식을 중심으로 한 개경파들의 진압으로 이 운동은 실패를 하고 말았어.

묘청은 서경 천도 운동을 벌이면서 여진을 정벌하자는 금국정벌론, 칭제건원도 함께 주장했으나 실패로 끝나면서 오히려 개경을 중심으로 한 문벌 귀족들의 세력이 커지는 결과를 낳고 말았지.

이 일로 문신들은 더욱 기고만장해졌고, 후에 무신 정권이 나타나는 결과를 낳았어.

1135년

묘청의 서경 천도 운동

⚔️ **이자겸의 난** 고려는 문벌 귀족의 권력이 강한 나라였다. 이자겸은 고려의 대표적인 귀족으로 당시 왕이었던 인종에게 자기의 셋째, 넷째 딸을 왕비로 들였다. 이자겸은 자기 권력을 더욱 튼튼히 하기 위해 왕을 독살하려고도 했으나, 결국 실패해 귀양가서 죽고 말았다.
이로 인해 고려의 귀족 세력은 일시 후퇴하였고, 귀족 세력들 간의 분열과 혼란이 커져 후에 묘청의 난과 무신 정권의 등장을 초래하였다.

🥔 **칭제건원** 국왕을 황제라 부르고 독자적인 연호를 사용하는 것. 중국 및 이웃 나라들과의 관계에서 독립적이고 대등한 위치를 갖겠다는 의미다.

| 1135년 ▶▶▶ 1197년 | 묘청의 서경 천도 운동 1135년 | 1142년 금, 남송을 신하국으로 만들다 | 김부식, 〈삼국사기〉 50권 편찬 1145년 | 정중부 등이 무신난을 일으켜 무신 정권이 시작되다 1170년 | 서경유수 조위총의 난 1174년 |

1122년 송과 금의 군대는 연합해서 요나라의 연경(지금의 베이징)을 점령했어. 그런 후 금은 송에게 연경과 탁주 등을 돌려주는 대가로 보상금을 요구했지. 그런데 송이 약속을 어기자, 금은 송을 침공해 수도인 카이펑(개봉)을 점령하고 전 황제인 휘종과 당시 황제인 흠종을 포로로 잡아 북으로 끌고 가 버렸어. 잠시 송왕조가 멸망한 이 사건을 '정강의 변'이라고 해.

정강의 변 이후 휘종의 9번째 아들이자 흠종의 동생인 조구가 전쟁을 피해 응천부에서 즉위해 다시 송 왕조를 일으키고 고종으로 즉위했는데 이를 남송이라 해. 그리고 이전의 흠종까지의 송을 북송이라고 하지.

비록 황제에 올랐지만 남송의 군대는 금에게 연전연패하여 피난 다니기에 급급했어. 그러다 한세충, 악비 등 걸출한 장수들이 나타나 전세를 역전시키고

1142년 금, 남송을 신하국으로 만들다

이야악

마침내 임안(지금의 항저우)에 도읍을 정하고 안정을 되찾았어.

하지만 금과의 전쟁 중에도 악비 등 주전파와 진회를 중심으로 하는 주화파 간의 갈등이 끊이지 않게 되고, 결국 진회는 나라를 위기에서 구한 악비를 모함해 죽이고 금나라에 굴복해 신하국으로 전락해 버렸어.

악비 중국 역사에서 민족 영웅으로 추앙받고 있는 남송 시대의 장수. 북송 말에 의용군으로 전쟁에 참가했고, 남송 때는 후베이 일대의 군벌로 금나라와의 전투에서 수많은 승리를 거두어, 금군은 악비의 군사들만 보면 떨었다고 한다. 항저우에는 그의 악왕묘가 있는데 수많은 중국인들은 그의 충심을 기리며 이 곳을 찾는데 반해, 그 앞에 무릎을 꿇은 진회 부부상은 지탄의 대상이 되고 있다.

무신 정권 때 집권자의 사적인 군사 조직. 신변 보호와 집권 강화를 위해 설치

경대승, 도방 설치
1179년

일본 최초의 무사 정권으로 메이지 유신 때까지 약 700년간 계속되다

최충헌, 이의민을 죽이고 최씨 무신 정권을 열다

1189년
3차 십자군 전쟁 때 '삼국왕 십자군'이 원정

1190년
독일기사단 창설

1192년
일본, 미나모토노 요리토모가 정이대장군이 되면서 가마쿠라 바쿠후 시대 시작

1196년

고려 중기에 들어서면서 문벌 귀족들은 권력 독점과 호화로운 생활을 영위했어. 그러자 권력을 갖지 못한 세력, 특히 무신들의 반감은 날로 커져만 갔어. 그러던 차에 김부식의 아들인 김돈중이 무관인 정중부의 수염을 촛불로 태워 버린 일이 있었는데, 김부식이 오히려 정중부를 나무라자 문신과 무신의 갈등의 골은 더욱 깊어져만 갔어.

무신의 난

18대 왕인 의종은 문신들을 이끌고 자주 잔치를 열었어. 이 때 무신들은 호위를 서거나 수발을 드는 등 문신들의 하인과 다를 바 없었어. 게다가 호위를 잘못 선다고 혼나기도 했지. 무신들의 가슴 속엔 분노가 들끓었어. 마침내 참지 못한 정중부와 이고, 이의방 등 무신들은 반란을 일으켜 1170년 8월에 보현원에서 문신과 환관들을 모두 죽였어. 대궐로 쳐들어간 정중부는 '문관은 서리라도 죽여 씨를 말려 버려라'고 외치며 문신 50여 명을 살해하고 의종은 폐위하여 거제로 유배 보내고, 18대 왕인 명종을 세워 무신 정권 시대를 열었어.

칼이 붓보다 강해!

문신은 말단이라도 씨를 말려야 해!

화아악!

으아악!

1170년
무신 정권 시대

무신의 권력 투쟁

무신 정권이 들어서면서 권력을 잡기 위한 무신들의 피바람이 몰아쳤어. 정권을 잡은 무신 중 핵심인 이고와 이의방은 권력을 놓고 대립, 이의방이 이고를 죽이고 권력을 독점했어. 이 때 김보당의 난과 서경 유수 조위총의 난 등이 일어나며 정국이 어지러워지자, 정중부가 이의방을 죽이고 다시 정권을 잡는 등 정권 쟁탈이 이어졌어. 1179년엔 경대승이 정중부 부자를 죽이고 정권을 잡았고, 경대승이 병으로 죽자 이의민이 집권했어. 이의민은 13년간 권력을 독점했으나 1196년 최충헌에 의해 살해되고 말았어.

최씨 정권

정권이 최충헌의 손에 돌아가면서 이후 4대에 걸쳐 60년간 최씨 무신 정권 시대가 열렸어. 1196년 정권을 잡은 최충헌은 개인의 군대 조직인 도방을 설치하고, 정치기구로 교정도감을 두어 자신의 반대 세력들을 제거하는 데 이용했어. 최충헌에 이어 집권한 최우는 삼별초를 조직해 최씨 정권의 세력을 더욱 강화했어.

이 시기에 몽골의 침략을 받은 고려는 강화도로 천도했고, 백성은 전쟁의 고통에 시달렸어. 30년간 집권한 최우에 이어, 권력은 아들인 최항, 그리고 8년 후 그의 아들 최의로 넘어갔어. 하지만 최의가 김준에게 살해되면서 최씨 정권도 마침내 막을 내렸어.

김준은 집권 후 왕인 원종과 강화도에서 개경으로 천도하는 문제로 다투다가 임연에게 살해되고, 임연이 집권 2년만에 병사하자 아들인 임유무가 권력을 잡았으나 곧 살해되어 마침내 100년에 걸친 무신 정권은 끝이 났어.

> **삼별초의 항쟁** 삼별초는 몽골이 고려를 침략하기 한 해 전인 1230년에 무신 정권 집권자인 최우가 치안 유지를 위해 정예 군사들을 모아 조직한 야별초라는 군사 조직에서 시작되었다.
> 야별초는 점차 세력을 확대해 좌별초, 우별초로 나누어졌고, 몽골군의 포로에서 탈출한 병사들로 조직한 신의군을 합쳐 삼별초로 불렸다.
> 1270년 고려 왕실이 몽골에 굴복하여 강화도에서 개경으로 환도하자, 장군 배중손은 이를 거부하고 승화후 왕온을 왕으로 옹립하고 삼별초군을 이끌고 진도로 근거지를 옮겼다.
> 삼별초군은 제주도와 전라도 해안 지역을 장악하면서 세력을 키워갔지만 고려, 몽골 연합군에 의해 진도가 함락 당한다. 다시 제주도 옮긴 삼별초군은 몽골에 끝까지 항쟁하지만 결국 1273년 패하고 만다.
> 삼별초의 항쟁은 몽골의 침략에 대항해 고려의 자주성을 확립하기 위한 항전으로, 이들의 패배로 이후 고려는 100여년 동안 원(몽골)에게 간섭받는 국가로 전락하고 만다.

고려는 최씨가 접수한다.

1198년
만적의 난

고려 중기 무신 정권 때 일어난 대표적인 노예 신분 해방 운동이야. 무신 정권기에 무신들은 정권욕에 사로 잡혀 백성들을 돌보기보다 자신들의 집권 연장에 정신없었지. 더구나 이의민 등 천민 출신들도 출세해 집권을 하자, 자신들도 평생 이렇게 노비로만 살 이유가 없다고 생각했어.

이 가운데 대표적인 사람이 만적으로, 최충헌의 사노비였던 그는 "왕과 귀족, 장군과 재상의 씨가 따로 있느냐? 때가 되면 누구나 할 수 있다. 모두 자기 상전을 죽이고 노예 문서를 불태워 노예 없는 세상을 만들어서 우리도 높은 벼슬에 올라 보자."고 노비들을 선동해 난을 일으키려고 했어. 하지만 겁을 먹은 한충유의 사노비인 순정의 밀고로 발각돼 만적 등 노비들은 체포되어 처형당하고 말았어.

비록 실패하고 말았지만 신분제의 고려 사회에서 최하층인 노비들이 계급 타파를 구호로 일어선 개혁 정신은 높이 살 만해.

⚔ 무신 정권 때 대표적인 반란

서경유수 조위총의 난(1174년) 서경유수 조위총이 무신 정권 타도를 외치며 고려 서북방 40여 성과 함께 일으킨 반란. 초기엔 승리하여 개경 근처까지 군사를 이끌고 왔으나, 윤인첨 등이 이끄는 고려 조정의 군대에 패배, 조위총은 처형당하고 2년여에 걸친 반란은 진압되었다.

망이, 망소이의 난(1176년) 1176년 정월에 공주 명학소에서 망이, 망소이 형제가 소의 주민들과 함께 일으킨 난. 소(所)의 주민들은 국가와 귀족들로부터 철이나 금, 은, 소금 등을 다루는 생산업자들로 향, 부곡민과 함께 천민 취급을 받는데, 국가와 귀족의 수탈로 억압을 받아 고통이 심했다. 망이와 망소이의 지휘 아래 공주를 점령하는 등 기세를 떨쳤으나, 이듬해 진압되고 말았다.

전주 관노 죽동의 난(1182년) 3월에 전주에서 선박을 만들면서 가혹 행위가 있자 죽동, 기두 등 관노들이 들고 일어나 전주성을 점령하는 등 난을 일으켰으나 4월에 평정되었다.

김사미의 난(1193년) 경상도 운문(지금의 경북 청도)에서 신라의 부흥을 표방하고 김사미가 일으킨 난.

노비들 괴롭혀서 생활 좀 나아지셨습니까?

왕후 장상의 씨가 따로 있다더냐?

노비 인권 위원회
-만적-

만적의 난
1198년

1198년
교황 이노센트 3세 즉위, 교황권의 전성 시대

1204년
4차 십자군 전쟁 때, 십자군이 비잔틴 제국을 함락시키고 라틴 제국을 세우다

1198년 중세 교황권의 전성기

프랑크 왕국의 카롤링거 왕조를 세운 피핀은 754년 이탈리아에 원정해 랑고바르드족을 물리치고 교황을 구했어. 그리고 라벤나와 펜타폴리스를 교황에게 기증해 오늘날 바티칸 시국의 시초가 되는 교황령, 다시 말해 교황이 지배하는 국가가 시작되었어.

이후 교황과 황제는 서로 협력과 대립 관계 속에 이어 오다가, 1077년 카노사의 굴욕으로 교황권이 우위를 갖게 됐지. 1095년 우르바누스 2세는 강력해진 교황권을 바탕으로 십자군을 결성하게 되고, 십자군 전쟁이 한창이던 1198년 교황 이노센트 3세가 즉위하면서 로마 교황권은 전성기를 맞았어.

신성로마제국의 정쟁을 이용해 황제령의 일부를 교황령으로 바꾸고 오토 4세와의 성직임명권을 둘러싼 다툼에서 자신이 미는 프리드리히 2세를 독일왕으로 옹립했으며, 또한 캔터베리 대주교 임명권을 둘러싸고 잉글랜드의 존 왕을 굴복시켜 존 왕이 잉글랜드를 교황의 봉토로 바치는 등 이 시기의 교황권은 최전성기를 맞이했어.

하지만 13세기 말 십자군 전쟁에서 패하고, 1309년 프랑스의 필리프 4세가 교황청을 아비뇽으로 옮기고 교황 클레멘스 5세를 유폐시키는 '아비뇽 유수'를 단행하면서 교황권은 쇠퇴를 하게 돼.

잘못했어요! 흑흑.

> **아비뇽 유수** 1309년부터 로마의 교황이 프랑스의 아비뇽으로 옮겨가 1377년까지 머물렀던 시대. 이 기간 교황은 7명이 바뀌었으며, 흔히 교황권의 쇠퇴기라고 한다. 하지만 교회법이 만들어지는 등 가톨릭에서는 이 시기를 새롭게 바라보는 견해도 있다.

1206년
몽골의 테무친, 몽골을 통일하고 칭기즈 칸에 오르다

1212년
소년 십자군이 만들어져 성지 원정에 나섰으나 실패

1213년
영국의 존 왕, 교황 이노센트 3세에게 국토를 바치고 봉신이 되다

카노사의 굴욕

카노사의 굴욕이란 1077년, 신성로마제국 황제인 하인리히 4세와 교황 그레고리오 7세가 가톨릭 주교 서임권을 놓고 다투다 교황이 승리해 황제가 굴욕을 당한 사건이야.
그레고리오 7세는 성직자들의   방탕한 생활을 억제하는 등 교회 개혁에 앞장 섰어.

그리고 성직 매매를 금지하고, 성직자들은 독신으로 살아야 하며, 특히 성직자들은 교황이 임명해야 한다고 주장했지.

마침내 1075년 그레고리오 7세는 성직자들의 임명권이 교황에게 있음을 공표했어. 그러자 지금까지 주교들에게 많은 것을 의지한 신성로마제국 황제인 하인리히 4세는 이 일이 자신의 권위에 도전한 것으로 생각했어. 하인리히 4세는 교황을 폐위해 다른 교황을 뽑겠다고 위협했어.
그러자 교황도 한 달 후, 황제를 파문해 버렸어.

1206년
칭기즈 칸과
몽골 제국

테무친

9살 때 이웃 부족에게 아버지가 독살 당하고 어려운 시절을 보낸 소년 테무친. 아버지를 죽인 타타르족에게 원수를 갚기 위해 테무친은 이웃의 강력한 부족인 케레이트족의 왕에게 군사를 빌린 다음, 주변 부족들을 차례로 정복하고 마침내 타타르족과 결전을 벌여 승리했어.

계속해서 테무친은 몽골의 크고 작은 부족들을 복속시켜 1188년에 칸(군주, 왕이란 뜻)의 자리에 오르고, 마침내 1206년에는 몽골을 통일해 진정한 최고의 자리에 오르게 돼. 이 사람이 바로 전 세계에서 가장 넓은 영토를 가졌던 몽골 제국의 초대 군주, 칭기즈 칸이야.

칭기즈 칸의 정복 사업

칸에 오른 후, 그는 씨족 연합체들을 없애고 대신 천호라는 기마병 중심의 유목 집단 95개로 조직을 편성해 해외 정복의 기틀을 다졌어. 즉위 이듬해에 중국 북서부에 위치한 서하를 공략해 속국으로 만들었고, 1215년에는 금의 수도인 베이징을 함락시키고 화베이 지방을 점령했어. 1219년엔 서방 원정길을 떠나 터키와 호라즘 왕국을 멸망시킨 데 이어, 인도와 남러시아 군대를 격파하고 귀국한 후 서하 정벌을 준비하다가 1227년 병으로 사망했어.

원나라

칭기즈 칸 이후 셋째 아들인 오고타이가 칸을 계승해 정복 사업을 계속했어. 그는 금을 공략해 1234년에 금을 멸망시켰어. 1231년 살리타에게 군대를 주어 고려 정복에 나섰고, 1236년엔 조카인 바투를 서방원정군 총사령관으로 임명해 남러시아와 유럽 각지를 공략하도록 했어.

넓다!

그 후 칸 쟁탈전으로 몽골은 잠시 혼란을 겪
었지만, 1260년에 즉위한 몽골의 5대 칸인 쿠빌라이 세조는 남
송 정복 사업에 박차를 가했어. 1271년 몽골의 국호를 '대원'으로 바꾸
고, 1279년 마침내 남송을 멸망시키고 중국을 통일했어.

하지만 대권 다툼의 과정에서 몽골 제국의 서부 여러 칸국들이 독립적인 지위를 가
졌으며, 몽골은 동부의 대원과 서부의 여러 칸국들 간의 연합 국가의 형태를 띠었어.

몽골 제국의 쇠퇴

1307년 쿠빌라이의 손자인 테무르 사후 다시 황제 쟁탈전이 벌어졌어. 1351년 백련
교도들이 홍건의 난을 일으키면서 이에 가담했던 주원장에게 원은 1368년 몽골 고원
쪽으로 쫓겨났어. 몽골 고원으로 쫓겨난 원의 세력은 북원을 세우고 주원장이 세운 명
나라에 저항을 했으나 1391년 멸망하고 말았어.

⚔ **몽골의 영토 분할** 서방 원정에서 돌아온
칭기즈 칸은 자신의 아들과 동생들에게 영토
를 나누어 다스리게 했다. 장자인 주치에게는 남러시
아의 킵차크 초원 지대를 주었고, 차남인 차가타이에
게는 중앙아시아 지역을, 삼남인 오고타이에게는 외몽
골 서부의 몽골고원 일대를, 그리고 막내인 툴루이에
게는 몽골 본토의 직할 영토를 다스리게 했다.

⚔ **킵차크한국(1243~1502년)** 주치의 아
들 바쿠가 세운 나라로 수도는 사라이이며
중계 무역이 발달하였다.

⚔ **일한국(1259~1336년)** 툴루이의 삼남
인 훌라구가 세운 나라로 형인 몽케 칸의 명
령으로 이란 정벌에 나서 아바스 왕조를 멸망시키고
1259년 일한국을 세웠다. 원 황실과는 좋은 관계를 유
지하였으나 차가타이한국과는 대립하였다.

⚔ **차가타이한국(1227~1360년)** 차가타
이가 세운 나라로, 몽골의 대칸의 통제를 받
았으나 쿠빌라이의 집권 이후 오고타이의 손자인 카
이두가 쿠빌라이에 대항해 반원 투쟁을 벌이자 카이
두의 지배를 받았다.

⚔ **오고타이한국(1218~1310년)** 오고타
이가 세운 나라로, 오고타이와 아들 구유크
가 대칸이 되자 남은 일족들이 나라를 다스렸으나 이
후 툴루이의 아들인 몽케가 대칸이 되자 이에 불만을
품고 대항을 하게 된다.
오고타이 손자인 카이두는 차가타이와 함께 1260년
몽케에 이어 대칸이 된 쿠빌라이와 1301년까지 싸웠
으나, 그가 죽고 아들인 차바르가 1310년 원에 귀순하
는 바람에 오고타이한국은 멸망하고 말았다.

13세기 초 몽골은 대대적으로 주변의 국가들을 공략하기 시작했어. 1225년 몽골 사신으로 왔던 저고여가 자국으로 돌아가다 압록강 근처에서 피살되는 일이 일어났어. 이를 핑계로 몽골은 1231년 고려를 침략했어. 몽골은 이후 7회에 걸쳐 고려를 침략했는데, 이 때문에 각종 문화재가 파괴되고, 백성들은 전쟁으로 많은 고통을 당했어.

2차 침입 후 고려는 몽골이 물에 약하다는 것을 알고 강화도로 도읍을 옮기고 항전을 다짐했어. 하지만 본토는 몽골에게 유린되어, 고려 최초의 대장경인 초조대장경과 속장경, 황룡사 목탑과 종 등 소중한 문화재들이 이 때 소실되고 말았어.

1231년
몽골의 침략

고려

몽골군은 물에 약하니 강화도는 안전하겠지

팔만대장경 거란의 침략 시기에 만들어진 초조대장경이 몽골군에 의해 불타고, 대각국사 의천의 속장경 역시 소실되면서, 고려는 몽골에 대한 항전 의지를 담고자 또 다른 대장경을 만들기 시작했다.
1236년부터 1251년까지 15년에 걸쳐 만들었으며, 8만 1258경판에 8만 4000번뇌에 해당하는 법문이 실려 있어 흔히 팔만대장경이라 불린다.
현재 경남 합천의 해인사에 경판이 장경판고에 보관되어 있으며, 각각 국보 32호와 국보 52호 지정되어 있다.

다루가치 1231년 몽골의 고려 1차 침입 때, 고려가 화친을 원하자 몽골의 살리타는 서경과 서북면 일대에 72명의 민정 담당관인 다루가치를 두고 철군했다. 고려는 몽골에 대항하기 위해 강화 천도를 결정하고, 고려 내정을 간섭하는 등 폐단이 많은 다루가치들을 축출했는데, 이를 문제 삼아 몽골의 2차 침략이 일어났다. 1278년에 고려에서 철수했다.

김윤후 고종 때의 승려로 1232년 몽골의 2차 침입 때 처인성 전투에서 적장인 살리타를 사살하여 몽골군을 물리쳤다.

흥!

← 강화도 500m

1215년
▶▶▶
1274년

1215년
영국, 마그나카르타

흔히 대헌장이라고 하는 마그나 카르타는 영국의 존 왕이 귀족들의 권리를 재확인해 준 문서야. 하지만 후대에 내려오면서 영국 민주주의의 시작을 알리는 문서로 평가받고 있어.

사자왕 리처드 1세의 동생인 존 왕은 프랑스와의 전쟁에서 영토를 빼앗기고, 켄터베리 대주교 선임 문제로 교황과 다투다 파문을 당한 후 왕위 박탈을 당할 위기에 처했어. 그러자 그는 영국 국토를 교황에게 바치고 교황의 봉건 신하로 전락하고 말았어.

위기를 돌파하기 위해 존 왕은 1214년 프랑스와 전쟁을 치르기 위한 전쟁 비용을 귀족들에게 거두려고 했어. 하지만 귀족들이 못 내겠다고 버티자, 결국 귀족들의 원조를 받지 못한 존 왕은 프랑스에 패하고 말았지. 이러한 존 왕의 잘못된 정치로 귀족들은 왕의 권력을 제한하고 자신들의 권리를 확인 받기 위해 왕에게 마그나 카르타에 서명하도록 했어.

찍어!

마그나카르타
왕인

마그나 카르타의 중요 조항

원문에는 조항이 없으나, 후세에 이를 63개 조항으로 정리하였다. 새롭게 왕에게 권리를 요구하는 것이 아니라 예로부터 관습적으로 내려 오던 것을 확인하는 내용으로 교회의 자유, 봉건 부담의 원칙 확인, 재산과 신분의 권리 등이 있다.

12조는 관례로 되어 있는 것 외에 새롭게 봉건 부담을 지우려면 귀족들의 자문을 거치도록 해, 후일 국회의 동의 없이 조세를 부담할 수 없다는 근거를 마련해 주었다.

39조는 자유민은 재판이나 법률에 의하지 않고 체포되거나 재산을 몰수 당하지 않는다는 조항으로, 후일 신속한 재판 요구권과 신분과 재산의 자유를 법률로 보호받을 수 있는 근거가 되고 있다.

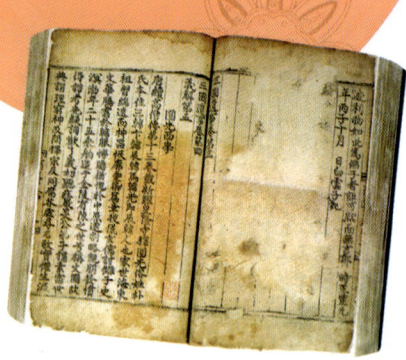

1281년
일연의
〈삼국유사〉

고려 충렬왕 때 승려 일연이 지은 역사서야. 고조선과 삼한, 부여, 고구려, 통일 이전의 신라의 고대 국가의 성립과 멸망, 여러 전설, 민담, 신화 등을 엮어 편찬했으며, 후삼국까지의 연표도 기록되어 있어. 특히 고조선을 서술해 우리 나라 역사의 시작점을 끌어올렸다는 점에서 높은 평가를 받고 있지.

또한 삼국사기의 정사와는 달리 민간의 설화나 신앙 등 야사와 유사를 담아 당시의 일반 생활을 엿보게 하는 중요한 역사적 사료라 할 수 있어. 삼국유사를 지으면서 수록한 제망매가, 원왕생가 등 향가 14수는 우리 나라의 고대 문학을 연구하는 데 아주 중요한 자료야.

김부식의 〈삼국사기〉 1145년 김부식 등 11명이 왕명에 의해 기전체 형식으로 편찬한 신라, 고구려, 백제 3국에 관한 관찬 역사서. 총50권으로 본기 28권, 지 9권, 표 3권, 열전 10권으로 되어 있다. 유교적인 역사 의식으로 편찬되었으며, 현존하는 역사서 중에 가장 오래된 정사로 〈고기〉 〈삼한고기〉 〈고승전〉 등 국내 문헌과 〈삼국지〉 〈후한서〉 〈위서〉 등 중국 문헌을 참고하여 기록되었다.

이승휴의 〈제왕운기〉 1287년 이승휴가 지은 역사서로 7언시와 5언시로 쓰여져 있다. 상, 하 2권으로 되어 있고, 상권은 중국 신화 시대부터 시작해 진, 한나라를 거쳐 원나라까지의 중국 역사가, 하권은 단군부터 고려 충렬왕까지의 우리 나라 역사가 1, 2부로 나누어 기록되어 있다.

이규보의 〈동국이상국집〉 무신 정권기의 학자인 이규보가 지은 시문집. 1241년에 간행되었으며, 각종 시와 편지, 교서 등 다양한 글들이 실려 있다. 특히 3권에 실린 282구 약 4천자에 이르는 장편 서사시인 〈동명왕편〉에는 고구려를 건국한 동명성왕 이전의 계보와 동명성왕의 출생과 건국, 유리왕이 동명성왕을 찾아가 왕위를 계승하는 것 등의 이야기가 실려 있다. 이를 통해 고려가 고구려를 계승하고 있다는 작가의 역사 의식을 엿볼 수 있다.

균여의 〈균여전〉 1075년 혁련정이 지은 승려인 균여의 전기로, 균여가 지은 향가인 보현심가가 11수가 기록되어 있어 고대 국어 연구의 중요한 자료로 평가받는다.

정동행성이라고도 하며, 일본 정벌을 위해 원의 쿠빌라이 때 설치. 일본 정벌 실패 후 고려 내정 간섭 기구로 변질

1275년
▶▶▶
1336년

1275년
마르코 폴로, 쿠빌라이 칸을 만나다

정동행중서성 설치
1280년

일연, 〈삼국유사〉 짓다
1281년

이승휴, 〈제왕운기〉를 펴내다
1287년

안향, 원에서 성리학을 들여오다
1290년

〈동방견문록〉의 저자인 마르코 폴로는 17세인 1271년 보석상인 아버지, 숙부와 함께 동방 여행을 떠났어. 당시 유럽과 중국을 이어주는 비단길을 따라 중국으로 간 것으로 생각돼.

4년여 여행 끝에 원의 세조 쿠빌라이 칸이 있는 대도(지금의 베이징)에 도착한 마르코 폴로는 칸을 만났어. 그리고 17년간 원나라에 머물면서 중국의 여러 지방을 여행했어. 그런 후 그는 이란의 몽골 왕조인 일 한국까지 원의 공주인 코카 친을 데려다 주고, 1295년 마침내 이탈리아의 베네치아로 귀국했어.

마르코 폴로는 베네치아와 제노바의 전쟁으로 감옥에 갇혀 있으면서 작가인 루스티첼로에게 자신이 여행하면서 겪은 일들을 기록하게 하여 책으로 출간했는데, 이것이 〈동방견문록〉이야.

이 책은 13세기 중앙아시아와 몽골의 풍습, 지리 등에 관해 자세히 기록되어 있어. 하지만 다른 한편에서는 〈동방견문록〉이 실제로 마르코 폴로가 겪은 여행기가 아니라 꾸며낸 이야기라는 설이 있기도 해.

1299년
마르코 폴로, 〈동방견문록〉 출간

칸, 동방견문록을 쓰려는데 정보 좀 주시오!

말도 안통하는데, 뭐라는겨?

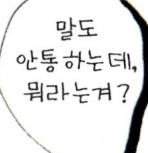

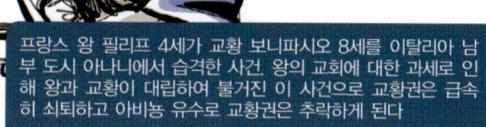

프랑스 왕 필리프 4세가 교황 보니파시오 8세를 이탈리아 남부 도시 아나니에서 습격한 사건. 왕의 교회에 대한 과세로 인해 왕과 교황이 대립하여 불거진 이 사건으로 교황권은 급속히 쇠퇴하고 아비뇽 유수로 교황권은 추락하게 된다

1351년
공민왕의 개혁과 권문세족

무신 정권의 붕괴와 함께 몽골의 침략으로 고려는 안으로는 왕권을 회복했지만 밖으로는 원나라의 부마국으로 전락하는 신세가 되고 말았지. 원나라는 왕의 시호 앞에 충(忠)자를 붙이도록 해, 원 세조의 부마가 된 25대 충렬왕부터 30대 충정왕까지 약 120년간을 원의 간섭에 시달려야 했어.

31대 왕 공민왕 때는 남쪽은 왜구가, 북쪽은 홍건적이 침입하던 시기로, 원나라도 내정이 불안한 상황이었어. 공민왕은 즉위하면서 강력한 개혁 정치로 원의 간섭에서 벗어나려고 했지.

인사를 담당하던 정방과 충렬왕 때부터 시행한 변발과 호복 등 몽골의 풍습을 폐지했어. 1356년엔 원의 고려 내정 간섭 기구인 정동행중서성을 폐지하고, 100여 년 간 고려의 동북부 지방을 다스려온 쌍성총관부를 수복했어. 하지만 홍건적의 침입으로 공민왕은 피난 생활을 하게 되고, 원과 화해를 하면서 개혁 정치는 후퇴를 했어.

더구나 신돈의 개혁 정치가 권문세족들의 견제로 실패로 끝나면서, 결국 공민왕은 측근들에게 살해되고 말았어.

머리 모양이 그게 뭐야?

잔소리 좀 그만 해요. 나도 컸다구!

신돈(? ~1371년) 고려말의 승려로, 공민왕이 그를 개혁 정치의 책임자로 임명하여, 특히 권문세족의 세력을 약화시키려고 하였다. 하지만 권문세족의 저항이 거셌고, 신돈을 둘러싼 추문과 개혁 정치의 성과가 부진하다는 이유로 공민왕은 점차 신돈을 멀리하고, 마침내 역모를 꾸몄다는 이유로 처형시켰다.

권문세족 고려말, 대토지 소유를 기반으로 경제적인 부와 함께 고위 관직을 차지한 집권층. 이들은 대체로 문벌 귀족이었던 계층과 무신 정권 동안 세력을 차지한 계층, 그리고 몽골 침략 이후 원나라의 후원으로 출세한 계층, 신진 관료 중 집권층과 밀접한 일부 계층 등을 말한다.
이후 새롭게 등장한 신진 사대부는 권문세족과 고려말 정치 대결로 이어져, 권문세족의 몰락과 신진 사대부의 승리로 조선 왕조가 열리는 계기가 되었다.

공민왕 때 원나라 머리 모양인 변발을 금지하다

1337년
▶▶▶
1367년

1337년
영국과 프랑스 사이에 백년 전쟁이 일어나다(~1453년)

1347년
유럽에서 흑사병이 번져 인구가 줄어들다

1352년

플랑스

프랑스여
일어나라!

1337년
백년 전쟁

1328년 프랑스 카페 왕조의 샤를 4세가 후사가 없이 죽자 발루아 백작이 필리프 6세로 즉위해 발루아 왕조를 열었어. 당시 프랑스의 절반 정도는 영국 왕들의 영토로, 프랑스가 통일하는 데 방해가 되었어. 그래서 1337년 필리프 6세는 프랑스 안의 영국 왕들의 영지인 기엔 지방을 몰수하겠다고 선언했지. 그러자 영국의 에드워드 3세는 자기의 모친이 전왕인 샤를 4세의 누이이기 때문에 자기에게 왕위 계승권이 있다고 주장했어. 이렇게 프랑스와 영국 간 왕위 계승 문제로 백년 전쟁은 시작됐어.

전쟁 초반엔 영국이 우세했어. 하지만 1428년 오를레앙의 영웅 잔 다르크가 전세를 한번에 역전한 이후, 프랑스는 승승장구, 마침내 1453년 프랑스가 영국의 거점 도시인 보르도를 점령하면서 백년 전쟁은 사실상 끝났지.

전쟁 후 영국은 왕권을 둘러싼 귀족들 사이에 장미 전쟁이 일어나 전쟁에서 승리한 헨리 7세가 튜더 왕조를 열었어. 그리고 프랑스는 왕권을 강화해 중앙 집권 체제를 열어 가지.

> ⚔️ **유럽의 흑사병** 백년 전쟁 기간 중인 1347년 유럽 전역을 휩쓴 흑사병은 검은 쥐의 털 속에서 기생하는 벼룩이 옮기는 병으로 유럽에서는 3명에 한 명꼴로 죽어나갔다.
> 전쟁과 흑사병으로 인한 인구 감소로 소작농과 농민이 부족해 지고, 이를 기반으로 하는 봉건제는 몰락을 하게 되면서 귀족 등 봉건 영주의 힘은 약해지고, 반대로 왕권이 강해졌다.

흑.. 흑사병!

저리가!!

공민왕, 기철 등 친원파를 처형하고
정동중행서성 폐지 및 쌍성총관부 정벌하다
● 1356년

홍건적의 침입
● 1359년

신돈이 권력을 잡다
● 1365년

잔 다르크

뭐, 나더러 프랑스를 구하라고?

광녀?

1412년, 프랑스 작은 마을에서 태어난 잔 다르크는 1424년 프랑스를 침략한 잉글랜드군을 물리치라는 신의 계시를 받았다고 해.

저만 믿으세요.

오, 저 두둑한 배짱. 많이 든든하다!

잔 다르크는 프랑스 왕세자를 만나 자신의 애국심과 프랑스를 구출해 내겠다는 자신감을 보여 주었어.

잔 다르크는 프랑스군에 소속돼 오를레앙에 갔어. 오를레앙은 잉글랜드군에 포위되어 있었어. 프랑스군은 위기에 처해 있었지.

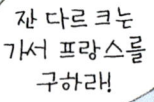

잔 다르크는 가서 프랑스를 구하라!

어려움에 처한 프랑군을 이끌고 잔 다르크는 전선에 뛰어들어 잉글랜드군을 물리쳤어. 프랑스군이 오를레앙에서 대승을 거두면서 그동안 수세에 몰렸던 프랑스는 전세를 역전시켰어.

하지만 잔 다르크는 잉글랜드와 부르고뉴군에 포로로 잡혀 재판을 받게 되었어.
이 재판에 잔 다르크는 홀로 자신을 변호했으나 결국 마녀로 낙인찍혀 화형을 당하고 말았어.

정식 명칭은 〈백운화상초록불조직지심체요절〉혹은 〈불조직지심체요절〉이라고 해.
고려 공민왕 때 백운화상이 여러 고승들의 법어, 문답, 편지 등을 엮어 만든 책이야.
1377년 청주 흥덕사에서 금속활자인 주자로 상, 하권 2권을 찍
었으나, 현재 하권만 전해져 와. 프랑스 국립도서관에
소장되어 있는데, 현존하는 세계에서 가장 오래된
금속활자본으로 독일 구텐베르크의 42행 성
서보다 78년 이상 앞섰어. 2001년 9월 유
네스코 세계기록유산에 등재되었어.

1377년
세계 최초의
금속활자본,
〈직지심경〉

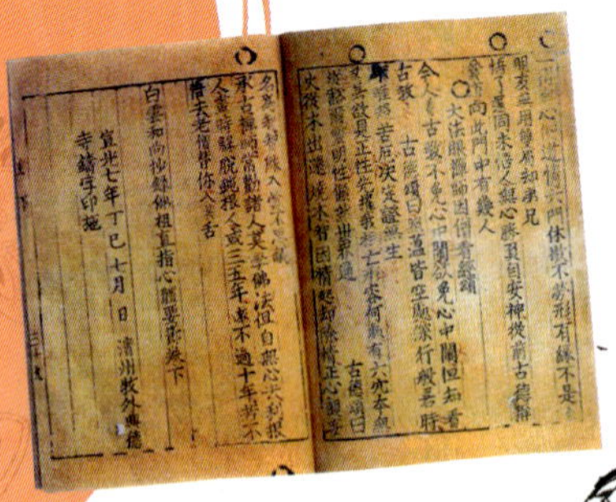

우씨,
내거보다
78년이나
빠르잖아!

구텐베르크
활자

상정고금예문 인종 때의 학자인 최윤의가
12세기 중반 왕명에 따라 옛날부터 지금까지
의 예문을 모아 편찬한 책으로, 1234년 세계 최초로 금
속 활자로 인쇄하였으나 지금은 전해지지 않는다. 이규
보의 동국이상국집에 이 책을 고종 21년에 찍었다는 기
록이 남아 있다.

백년 전쟁 비용을 물리기 위
해 영국에서 15세 이상 국민
들에게 인두세를 매기자 이에
불만을 품은 농민 반란

1368년
▶▶▶
1392년

신돈이
처형되다

최영, 홍산에서
왜구 격파

최무선, 화통도감을 설치하고
화포, 화약 제조

1368년
명나라 건국

1371년

1376년

1377년
로마 교회 분열로 로마와
아비뇽에서 각각 교황 선출

1381년
영국,
와트 타일러의 난

1368년

주원장, 명나라 건국

몽골족의 원나라는 중국의 한족을 억압하는 정치로 한족의 저항을 불러일으켰어. 1351년 원 말기에 백련교도가 홍건의 난을 일으키자, 홍건적에 가담했던 주원장이 1368년 금릉(지금의 난징)에 도읍을 정하고 나라 이름을 명, 연호를 홍무라 하여 나라를 세웠어.

100여 년 동안 이민족의 억압에서 벗어나 다시 한족 정권을 세운 태조 홍무제는 농업을 국가의 근간으로 삼고, 정치와 군사 제도를 황제 중심으로 바꾸는 등 강력한 중앙 집권 체제를 실시했어.

신하들의 병권을 빼앗아 아들들에게 주어 이들을 왕으로 삼아 변방을 지키게 했고, 무소불위의 권력 기관이자 황제의 특무 기관인 금의위와 환관을 장관으로 하는 동창을 두어 모든 권력을 황제 1인에게 집중하도록 했어.

명나라는 3대인 영락제와 뒤를 이은 홍희제, 선덕제 때 최전성기를 맞이했으나, 이후 환관들의 세력이 강해져 서서히 몰락해가다가, 1644년 농민반란군인 이자성에 의해 16대 276년만에 멸망하고 말았어.

영락제(재위 1402~1424년) 쿠데타로 집권한 3대 황제 영락제는 명나라의 영토를 확장, 티베트와 베트남을 정복하였고, 수도를 난징에서 베이징으로 옮겼다. 1405년 환관인 정화을 파견해 페르시아와 동아프리카 연안의 국가들과 외교적, 경제적인 관계를 맺게 하고, 해외 거주 자국민의 근지와 아울러 명의 국력을 과시하도록 했다.

> 망할 몽골 자식 들! 나 주원장이 신국을 세우리.

명

이성계,
위화도 회군
● 1388년

박위,
대마도 정벌
● 1389년

조선 건국
● 1392년

고려의 문화와 예술

고려를 대표하는 문화와 예술을 꼽는다면 출판 및 인쇄술과 고려 청자라고 할 수 있어. 〈팔만대장경〉과 〈상정고금예문〉〈직지심경〉 등 고려 시대에 발간한 경전과 서적들을 보더라도 당시의 출판 문화에 대한 높은 관심을 잘 알 수 있지. 또한 고려 청자는 도자기의 나라라고 하는 중국에서조차 최고의 도자기로 여길 만큼 독특한 색감과 기법으로 귀족 문화의 정점을 보여주고 있어.

그 밖에 고려는 역대 어느 왕조보다 불교 예술의 진수를 보여 주고 있는데, 팔만대장경 등 경전뿐 아니라 부석사 무량수전 등 건축물과 탑, 불상, 부도 등 다양한 불교 관련 예술품들이 전해지고 있어.

고려 청자

청자란 푸른 빛깔을 나타내는 도자기를 말하는데 중국에서 시작돼 우리 나라에는 고려 초기에 전래됐어. 특히 12세기 중후반 청자의 표면을 파내 흰 흙이나 붉은 흙을 메워 유약을 바른 후 구워 내는 상감 기법은 고려의 독창적인 기술로 개발되었지.

하지만 무신 정권 이후 고려말이 되면 고려 청자는 차츰 쇠퇴하기 시작해 고려 청자의 아름다움의 상징인 균형미, 상감 기법, 은은한 비색의 아름다움 등 3요소가 대부분 사라지고 투박하고 조잡한 문양으로 바뀌어 가다가 조선 초 분청사기로 이어졌어.

현대 기술로는 따라갈 수 없는 빛깔이야!

불교 예술

고려 예술품의 상당수는 불교와 관련이 있는 것들이야. 세계 최초의 금속활자본인 〈직지심경〉을 비롯해, 세계 문화 유산인 〈팔만대장경〉과 〈속장경〉 등의 경전과 월정사 9층석탑과 경천사지 10층 석탑, 주심포 양식의 부석사 무량수전과 봉정사 극락전 등이 널리 알려져 있어.

승려의 유골이나 사리를 안치한 부도는 고려 때 많이 만들어졌는데, 경기도 여주에 있는 고달사지 부도와 강릉에 있는 보현사 낭원대사오진탑 등이 있어.

고려는 불교 미술의 꽃이랄까?

그림과 글씨

그림으로는 공민왕이 그렸다고 하는 〈천산대렵도〉와 송나라의 휘종이 극찬했으나 지금은 전해지지 않는 이영의 〈예성강도〉가 유명해.

글씨로는 고려초 왕희지체와 구양순체가 널리 유행했으며 후기에는 송설체가 많이 쓰였고, 서예가로는 탄연, 최우 등이 있었어.

이건 9층짜리야.

여주 고달사지 부도

찾아보기